영남대학교 인문학 육성총서 8

동양 고전독서이론
용어 해설집

영남대학교 인문학 육성총서 8

동양 고전독서이론 용어 해설집

신태수 김원준 김기호 김홍수 지음

영남대학교출판부

머리말

문을 닫고 혼자 배우는 폐호독학閉戶獨學이 벗끼리 어울려 강론하며 익히는 즐거움이 있는 붕우강습朋友講習보다 못하다. 한강 정구의 말이다. 약수재 신태수 교수가 하루는 한국한문학을 하는 김원준 교수와 동양철학을 하는 김홍수 교수, 그리고 구비문학을 하는 김기호 교수에게 "고전독서이론 정립을 목적으로 공부하면 서로 진보하는 데 도움이 있을 것이니 '여산如山독서이론연구회'라는 이름 아래 함께 어울려 공부해 보자."고 제안하였다. 폐호독학閉戶獨學도 좋으나 붕우강습朋友講習을 통해 함께 진보하고 지역 국학의 발전에도 보탬이 되자는 취지였다.

취지에 공감을 하고 대구 수성구 신매동에 터를 잡아 매주 공부하기를 시작한 것이 2008년 10월 1일이었다. 네 사람은 한 주도 빠짐없이 고전독서이론의 발굴과 그 현대적 적용에 뜻을 같이 했다. 3년여 동안 『주자어류』 『퇴계전서』 『율곡전서』 독회를 지속하는 과정에서 구성원의 수도 상당히 불어났다. 꾸준하게 참여하는 인원만 손꼽더라도 10명을 상회하였다. 박사과정과 석사과정 청강생까지 합치면 그 수는 더욱 많아진다. 전공자의 영역도 다양해졌다. 동양철학 전공자, 서양철학 전공자, 역사학 전공자, 현대문학 전공자들이 다양하게 합류했다.

2011학년도에 우리 네 명의 집필자들이 『동양 고전독서이론 용어해설집』을 저술하기로 결의하고 나니 부끄럽지 않을 책을 만들어야 한다는 사명감 같은 것이 생겼다. 그래서 기존의 기획안을 재검토하여 대폭 수정하기에 이르렀고 독자 편의성 제공을 우선적인 목표로 삼았다. 아울러 지금까지 고전독서이론 용어에 대한 해설이 본격적으로 이루어지지 않은 만큼 지침서 구실을 하는 독서이론 용어 해설집이 되도록 뜻을 모았다.

이 책을 크게 세 개의 장으로 구성하고 무엇보다 이 책을 이용하는 사람들이 특정 용어의 심원한 연원과 유래를 손쉽게 찾아볼 수 있도록 고전독서이론 용어에 대한 체계적 해설을 제공하기로 하였다. 먼저 제1장에서는 본 저술의 취지와 방향을 밝혔고 제2장에서는 저자별 고전독서이론 용어의 해설을 하였으며 제3장에서는 고전독서이론 용어 총람 및 유형 분류를 제공하였다. 집필의 과정에서 필자들은 매주 만나 동양 고전독서이론을 일일이 검토하고 독서이론 용어를 추출한 다음, 독서이론 용어의 의미, 연원과 유래, 영향관계 등을 폭넓게 연구하였다.

이 책은 공동의 산물이다. 제1장의 저술 취지와 방향에 대해서는 신태수 교수가 집필하였다. 제2장의 내용 중 이정자와 장재의 독서법 용어에 대해서는 동양철학을 전공한 김홍수 교수가, 주자와 퇴계의 독서법 용어에 대해서는 고전산문을 전공한 신태수 교수가, 율곡의 독서법 용어에 대해서는 한국한문학을 전공한 김원준 교수가, 남명과 한강의 독서법 용어에 대해서는 구비문학을 전공한 김기호 교수가 집필하였다. 제3장은 독자의 편의를 위해 독서법 용어마다 한 문장으로 요약된 설명을 제공하되 가나다순으로 배열하였다. 덧붙여 이들 용어들을 주제별로 유형화하여 활용의 편의를 도모하였다.

동양 고전독서이론 용어해설집을 만드는 일은 결코 작은 일이 아니다. 작지 않은 일임을 모르지 않지만 우리 네 명은 첫 디딤돌을 놓는 심정으로 이 일을 시작하였고 이제 책을 세상에 내 놓기로 하였다. 부족한 것이 한 두 가지가 아니다. 당장 선정된 인물의 수도 동양 고전독서이론을 망라하기에 부족하고 대표성을 기준으로 보더라도 주요 인물의 독서이론이 빠졌다. 고전독서이론 연구자들께서 질정해주시면 보태고 고치려 한다. 그리하여 보다 나은 동양 고전독서이론 용어해설집을 만들어 나가고자 한다. 우리의 보다 큰 바람은 이를 토대로 많은 연구자들이 뜻을 모아 동양 고전독서이론 용어사전을 함께 만드는 일이다.

우리 네 사람의 이름으로 이 책을 세상에 내놓지만 사실상 이것은 우리 여산독서연구회의 성과물이기도 하다. 그 동안 고전독서이론 문헌들을 함께 윤독하고 토론해준 모든 연구회 회원님들께 감사드린다. 아울러 흔쾌히 이 책의 출판을 허락해준 영남대학교 출판부에도 감사드린다.

2013. 5

『동양 고전독서이론용어 해설집』집필진 일동

차 례

제1장

저술의 취지와 방향

1. 저술의 취지
2. 용어의 범주와 선별방법
3. 기대 효과 및 활용 방안
4. 저술 방법과 이 책의 구성

제1장

저술의 취지와 방향

1. 저술의 취지

저술의 목적

1970년 이래 한국의 고전독서이론 연구논저가 70편을 상회하고 있다. 각 대학마다 〈독서와 글쓰기〉강좌가 개설되면서 고전독서이론에 대한 관심이 높아지는 추세이다. 이런 정황을 감안할 때, 고전독서이론 연구논저는 앞으로 기하급수로 증가하리라 본다. 문제는 고전독서이론 용어가 논자의 성향과 기호에 따라 무질서하게 난립한다는 데 있다. 무질서한 난립 현상은 독서이론 용어의 실상에서 기인하기보다는 논자의 오류에서 기인하는 경우가 대부분이다. 즉, 표현은 다르되 用例가 같다면 의미가 동일하거나 유사하다고 보아야 할 터인데, 표현이 다르다고 해서 의미까지 다르다고 판단하기 때문에 난립을 피할 길이 없다. 문제를 해결하기 위해서는 동양 고전독서이론 용어를 한데 모아놓고 意味를 정리한 다음 색인 작업과 유형 분류를 해볼 필요가 있다. 본서는 바로 이런 필요성에 부응하기 위해 집필된다.

저술의 의의

저술의 의의는 세 가지로 정리할 수 있다. 첫째, 학제간 통섭을 도모한다는 점이다. 독서이론은 문학적 성격과 철학적 성격을 공유한다. 독서의 '독'에 주안점을 두면 문학 영역이 되고 독서의 '서'에 주안점을 두면 철학 영역이 되므로, 본서는 철학과 문학을 아우른다고 할 수 있다. 둘째, 고전독서이론 연구에 촉매제 구실을 한다는 점이다. 어렵고 생소한 용어의 의미를 풀이하고 유형 분류를 한다면 고전독서이론 연구에 박차를 가하게 하는 계기가 되리라 본다. 셋째, 현대의 독서이론에 중요한 지침을 제공한다는 점이다. 오늘날 독서법은 수양론적 차원으로 나아가지 못하고 실용론적 차원에 머물러 있다. 그 결과, 고전과 현대의 용어는 동일해도 의미의 폭과 범주는 사뭇 다르다. '정독'을 예로 들면, 실용론적 차원의 정독은 지식과 정보를 겨냥하고 수양론적 차원의 정독은 義理를 겨냥한다. 용어가 같더라도 겨냥하는 바가 다르므로, 무늬만 같고 내실은 판이한 셈이 된다. 본서는 고전독서이론 용어가 현대의 독서이론 용어와는 판이하다는 점을 밝힘으로써 현대의 독서이론이 올바른 방향으로 나아갈 수 있도록 하는 자극제가 된다.

2. 용어의 범주와 선별방법

'독서'의 연원과 개념

'독서'라는 용어의 연원이 매우 깊다. 중국 北宋(960~1126) 이래 '독서'라는 용어가 보편적으로 쓰였으므로, 그 연원은 무려 1,000년을 거슬러 올라간다. 이때 사용된 독서의 '書'는 성현의 어록인 경전을 가리킨다. 따라서 '독서'는 '경전 읽기'의 의미를 지닌다. 성현의 어록이기 때문에 독서해야 하는가? 전적으로 그렇지는 않다. 경전에는 天과 人을 하나로 여기는 물아일체 혹은 천인합일 사상이 담겨 있기 때문에 '독서'의 필요성이 그 무엇보다 강하게 제기되었다고 볼 수 있다. '독서'가 '도덕적 실천을 전제로 한 물아일체·천인합일의 사상 파악하기'라는 점에서, 도덕적인 실천 윤리를 확인하고 지식·정보를 획득하기 위해 독서가 긴요하다고 할 수 있다.

독서이론의 범주

우선, 書名을 거론하면서 읽기의 이유·조건·자세·방법을 내세우면 독서이론의 범주에 든다. 서명과 읽기를 동시에 거론하므로 異論의 여지가 있을 수 없다. 그 다음으로, 경전 읽기와 관련해서 聖賢의 이름을 거명하는 경우도 독서이론의 범주에 든다. 예컨대 子思나 孟子를 거명하면서 저작의 의도를 피력한다고 할 때 곧 독서이론이 된다. 자사나 맹자는 각기 『중용』이나 『맹자』의 저자이므로 자사나 맹자의 견해는 곧 『중용』이나 『맹자』의 내용이라 할 수 있기 때문이다. 또 그 다음으로, 서명이나 著者名을 밝히지는 않되 출처를 의식하며 경전 읽기에 대해 언급하는 경우도 독서이론의 범주에 든다. 당사자가 어느 책을 가리키는지를 서로 안다면 독서이론의 범주에서 예외가 될 수 없다.

독서이론과 공부이론의 분별 필요성

독서는 공부의 수단이다. 공부하기 위해 독서를 해야 하므로, 이렇게 볼 수 있다. 범주상으로 볼 때, 독서는 공부의 하위개념인 셈이 된다. 독서이론과 공부이론의 관계 또한 이와 다를 바 없다. 독서이론은 하위개념이고 공부이론은 상위개념이다. 바꾸어 말하면, 독서이론은 공부이론의 범주에 포함되지만 공부이론은 독서이론의 범주에 포함되지 않는다고 할 수 있다.

이런 정황을 감안할 때 공부에 대한 언급이 있다고 해서 무조건 독서이론이라고 할 수는 없다. 공부에 대한 언급은 어디까지나 부차적이고 어떤 식으로든 반드시 독서에 대한 언급이 있어야 독서이론이라고 할 수 있다.

독서이론 용어의 선별방법

본 연구팀에서는 독서이론 속에 들어 있는 모든 용어를 독서이론 용어로 보고자 한다. 독서이론의 용어는 곧 성리학적 용어이다. 北宋 이래 '독서'라는 용어가 보편적으로 쓰였고 독서의 '서'가 성현의 어록인 경전을 가리키므로, 독서이론의 용어는 성리학적 용어가 될 수밖에 없다. 성리학 즉 신유학은 孔孟의 원시유학과는 다른 점이 있다. 원시유학은 대체로 修己治人의 사회적 규범과 질서를 지향하는 데 비해 신유학은 사회적 규범·질서뿐만 아니라 물아일체·천인합일의 우주론적 가치까지 지향한다. 북송 이래의 주돈이, 정명도, 정이천, 장횡거, 주자의 독서이론에 우주론적 가치개념이 많이 나타나는 까닭이 바로 여기에 있다. 독서이론 용어가 곧 성리학적 용어이고 우주론적 가치 개념과 연관성이 매우 깊다는 점을 감안하면서 독서이론 용어를 선별하기로 한다.

3. 기대 효과 및 활용 방안

고전독서이론 용어의 검증과 정립 계기

고전독서이론 용어는 별도로 정해져 있지 않다. 특정한 낱말이나 어구가 독서이론에 동원되기도 하고 동원되지 않기도 하므로, 동일한 낱말이나 어구라 할지라도 독서이론 용어가 되었다가 되지 않기도 한다. 독서이론 용어의 범주가 유동적이므로, 기존 연구에서는 연구자가 임의로 취택하는 경우가 많았다. 독서이론을 체계적으로 연구하기 위해서는 독서이론 용어에 대한 기준을 엄격하게 세워서 용어 선정에 만전을 가하지 않으면 안 된다. 본 저서는 이런 요구에 부응해서 편찬한 바이므로, 고전독서이론 용어 선택에 있어서 가이드라인의 기능을 하리라 본다.

동양 고전독서이론의 체계적 이해에 기여

본 저서는 동양 고전독서이론을 체계적으로 이해하는 데 도움을 주리라 본다. 동양 고전독서이론을 일일이 검토하고 독서이론 용어를 추출한 다음, 독서이론 용어의 의미, 연원과 유래, 영향관계 등을 폭넓게 고려했기 때문에 본 저서를 활용하면 학자와 학자와의 관계, 용어와 용어의 관계 등을 거시적으로 조망할 수 있게 된다. 무엇보다 표현은 달라도 의미는 유사한 용어를 한데 묶어 놓았다는 점이 큰 의의가 아닌가 한다. 독서이론 용어를 포괄적으로 연구할 수 있는 토대를 제공하는 한편, 표현은 다르고 의미는 같은 현상이 왜 나타나는지를 살피는 계기도 부여하기 때문이다.

동양 고전독서이론 용어사전의 토대 마련

본 저서는 동양 고전독서이론 용어사전을 편찬할 때, 중요한 기능을 하리라 본다. 지금까지 동양 고전독서이론 용어사전이 제작되지 않았지만, 고전독서이론 연구자 수가 많아지고 이 방면의 연구사적 의의가 주목받고 있으므로, 머지않아 동양 고전독서이론 용어사전의 편찬 작업이 이루어질 가능성이 높다. 본 저서에서 고전독서이론 용어를 발굴하고 구체적으로 해설해 놓았기 때문에, 본 저서야말로 동양 고전독서이론 용어사전의 편찬 작업에 지침서 구실을 할 수 있지 않나 생각된다.

4. 저술 방법과 이 책의 구성

저술 방법

1) 의미는 동일하면서 표현은 약간씩 다른 독서이론 용어가 적지 않으므로, 특정 텍스트의 독서이론 용어를 기준으로 삼을 필요가 있다. 본 연구팀에서는 『주자어류』〈독서법〉의 독서이론 용어를 기준으로 삼고자 한다.
2) 성리학적 용어가 독서이론 속으로 들어올 때, 의미 변화가 일어나는 경우와 일어나지 않는 경우가 있다. 후자는 주목을 요한다. 성리학적 용어가 독서이론 속에서 독특한 기능을 수행하기 때문이다. 성리학적 용어가 독서이론 속으로 들어올 때 왜 의미 변화가 발생하는지, 의미가 구체적으로 어떻게 변화하는지를 파악하는 단서를 본 저서가 제공해 주리라 본다.

이 책의 구성

1) 이 책은 2단계로 구성되어 있다. 제1단계에서는 학자별로 독서이론 용어를 정리하되 각 학자의 독서이론 용어를 가나다 순으로 배열하였다. 제2단계에서는 각 학자의 독서이론 용어를 망라해서 가나다 순으로 배열하는 한편, 독서이론 용어의 유형을 분류하였다.
2) 독서이론 용어를 해설할 때 세 가지를 고려하였다. 우선 독서이론 용어의 개념을 설명하였고, 그 다음으로, 독서이론 용어의 유래 내지 연원을 소개하였으며, 그 다음으로 용어의 용례를 제시하였다.

제2장

저자별 고전독서이론 용어의 해설

1. 二程子의 경우
2. 張子의 경우
3. 朱子의 경우
4. 退溪의 경우
5. 南冥의 경우
6. 栗谷의 경우
7. 惠岡의 경우

제2장

저자별 고전독서이론 용어의 해설

1. 二程子의 경우

정호의 독서법 용어

귀친자지貴親炙之

배워서 아는 것도 아는 것일 수 있지만, 그렇게 아는 것은 남의 것을 따라하고 흉내 내는데 지나지 않는 것이다. 이렇게 아는 것보다는 스스로 깨쳐서 아는 것이 훨씬 의미 있고, 궁극적으로 도달해야 할 목표이다. 왜냐하면 배워서 아는 것은 고인 물과 같아서 얼마 지나지 않으면 잊어버리지만, 스스로 깨쳐서 아는 것은 솟아나는 샘물과 같아서 늘 자신의 삶의 바탕이 되기 때문이다. 그래서 독서를 할 때는 누가 이런 뜻이라고 가르쳐준 선입견을 가지고 거기에 맞춰서 책을 읽을 것이 아니라, 직접 책을 읽어가면서 그 내용이 무엇인지에 대해서 스스로 깨치려고 하는 노력들이 독서에 참으로 필요한 것이다.

◎ 출처

伯淳常談詩, 並不下一字訓詁, 有時只轉却一兩字, 點平聲. 掇地念過, 便教人省悟. 又曰, 古人所以貴親炙之也.(백순은 항상 시를 말하였는데 결코 자구에 대한 훈고를 하지 않았다. 어떤 때는 단지 한 두 글자를 바꾸어 놓고 조금 다르게 생각하게 해서 사람들로 하여금 깨닫게 해주었다. 또 "옛사람은 직접 읽고 느끼는 것을 소중히 여겼다." 라고 하였다.) 〈『河南程氏外書』 권12 제48조〉

독서완미讀書玩味

독서할 때는 그 책이 주는 맛을 즐길 줄 알아야 한다. 책을 읽을 때 자세하게 읽어야 할 것은 자세하게 읽는 게 완미가 되고, 또 많이 읽고 느껴야 할 것은 반복하여 읽으면서 그 리듬이나 정감을 느껴야 할 것은 또 그렇게 하는 것이 완미가 된다. 비근한 예를 들면, '고기는 씹어야 맛이다.'라는 말처럼 고기의 참맛을 알려면 겉만 핥을 게 아니라 자꾸 씹어서 혀가 고기의 육즙을 음미할 수 있도록 해야 그 맛을 느낄 수 있다. 또 포도주의 맛을 볼 때는 혀가 단맛, 신맛, 짠맛, 떫은맛 등을 느끼는 부위는 각기 다르기 때문에, 포도주를 입 안에 머금고 혀의 각 부분에 포도주를 골고루 묻혀 맛을 음미해야 그 맛을 제대로 알 수 있다. 이와 같이 책마다 그 성격이 따르기 때문에 완미하는 방법이 차이가 난다. 이를테면 인간의 감정을 표현한 글들은 여러 번 반복하여 읽으면서 그것이 주는 감정들에 스스로를 일치시키려고 노력해야 하고, 또 철학적인 깊은 뜻을 가진 책들은 어떤 중심이 되는 글자에 도달했을 때 그 글자의 의미를 파악하기 위해서 자세히 생각하며 반성하는 것이 완미하는 자세인 것이다.

출처

讀書要玩味.(책을 읽을 때는 완미해야 한다.) 〈『河南程氏遺書』 권14 第5조〉

세유독서世有讀書

독서 그 자체에는 도를 안다든지 의리를 파악한다든지 등등 본질적인 뜻이 있다. 그런데 사람들은 독서를 문장을 잘 쓰는 기술을 익히는 것이라고 생각하거나 또는 책을 많이 읽음으로써 문장을 잘 쓸 수 있을 것이라고 기대한다. 하지만 그런 것은 부차적인 일이다. 독서를 하는 첫 번째 목적은 그 책이 가지고 있는 좋은 뜻을 받아들여서 자기 자신을 변화시키는 것이다. 미려한 문장을 짓는 수단을 얻기 위해서 책을 읽는 것은 아니다. 만약 그것을 얻기 위해서 책을 읽는다면, 책이 가지고 있는 깊은 뜻을 얻을 수 없다. 그래서 정호는 그렇게 책을 읽는 것을 얕은 독서라고 말했다.

출처

世有以讀書爲文爲藝者. 曰, 爲文謂之藝, 猶之可也. 讀書謂之藝, 則求諸書者淺矣.(세상에서는 독서를 문장을 짓기 위한 것이라고 하거나 기예를 닦기 위한 것이라고 한다. 문장을 짓는 것, 이것을 기예라고 일컫는 것은 적당한 것 같다. 하지만 책을 읽는 것, 그것을 기예라고 일컫는다면 책에서 얻은 것이 얕은 것이다.) 〈『河南程氏遺書』 권4 第8조〉

심행수묵尋行數墨

당나라 때 시인 두보[杜甫 : 712-770]가 남긴 "대장부라면 모름지기 다섯 수레의 책은 읽어야 된다[男兒須讀五車書]."라는 말은 다독多讀을 강조할 때 늘 인용되는 구절이다. 예전부터 다독은 지혜로운 삶을 위한 수단으로 여겨왔다. 특히 요즘에는 대학입시에서 논술시험의 비중이 높아지면서 다독의 중요성이 강조되고 있다. 이런 현상은 예나 지금이나 마찬가지이다. 송나라 때 역시 사람들은 과거시험을 위해 많은 독서를 했다. 하지만 시험에 목을 매달고 일방적으로 머릿속에 주입하려는 데서 폐단이 생겨난다. 책을 읽을 때는 그 책의 깊은 의미를 곰곰이 생각하면서 스스로 터득할 수 있도록 읽어야 한다. 이렇게 읽어야만 비로소 진정으로 아는 것이 되고 다 자기 것이 된다. 그러므로 책을 읽을 때는 "자구만을 따지지 말고 행간 사이에 숨어 있는 의리를 깨달아야 한다."고 이야기하는 것이다. 여기서 말하는 "의리"라는 것은 다른 게 아니라 여러 가지 내용들을 하나로 묶어주는 기둥과 같다. 만약 이 기둥이 없이 책만 읽게 되면 그 많은 것들이 각각이 떨어져서 떠돌게 됨으로 인해 머릿속이 혼란스럽게 된다. 그래서 정호는 "널리 보고 두루 읽더라도 또한 스스로에게 해가 된다."라고 말한 것이다.

◎ 출처

學者先學文, 鮮有能至道. 至如博觀泛覽, 亦自爲害. 故明道先生教余嘗曰, 賢讀書, 愼不要尋行數墨.(배우는 자는 글 배우는 것을 우선시하여 도에 이를 수 있는 자가 드물다. 설사 널리 보고 두루 읽더라도 또한 스스로에게 해가 된다. 그래서 명도선생이 일찍이 나에게 말하기를 "그대는 책을 읽을 때 절대로 자구만을 따지고 자간 사이에 숨어 있는 의리를 깨닫지 못해서는 안 된다."고 하였다.) 〈『河南程氏外書』 권12 제43조〉

우유완미優遊玩味

고등학교 국어시간에 시를 배울 때는 시를 읽고서 그 시가 주는 리듬감이나 감흥을 통해 시를 익히려고 하는 게 아니라 시를 분석해서 그 시의 주제나 형식, 상징 등을 가지고 그 뜻이 무엇인지 파악하려고 한다. 그것은 시를 음미하는 게 아니라 시를 알려고 하는 것이다. 그런데 그런 식으로 시를 아는 것이 정말 시를 아는 것이라고, 또 그렇게 시를 알아서 자기에게 도움이 된다고 말할 수 있을까? 그렇게 시를 읽는 것은 시험을 칠 때는 좋을지 몰라도 스스로에겐 전혀 도움이 되지 않는다. 정호가 시를 유유자적하면서 완미하고, 상하의 구절을 읊조리는 것이 시를 즐기는 것이며, 즐기지 않으면 그 시가 말하려는 본래의 의미를 잘 알 수가 없다고 하였다. 그래서 정호가 시를 해석하는 것도 "생각이 간절하군." 또는 "바른 데로 돌아갔군."이라고 하면서 전체적인 뜻만을 짚을 뿐이지 하나하나 분석해서 말하지 않았다. 우리가 시를 읽거나 그와 같은 책을 볼 때는 그렇게 하는 것이 바람직하지 않겠는가?

◎ 출처

明道先生善言詩, 佗又渾不曾章解句釋, 但優遊玩味, 吟哦上下, 便使人有得處. 瞻彼日月, 悠悠我思. 道之云遠, 曷云能來. 思之切矣. 終曰, 百爾君子, 不知德行. 不忮不求, 何用不臧. 歸於正也(명도선생은 시를 즐겨 말했지만, 그는 장구에 대한 해석은 거의 하지 않았다. 다만 유유자적하면서 완미하고, 상하의 구절을 읊조리면서 사람들에게 깨닫도록 해주었다. 예를 들면, 그는 『시경』의 「패풍邶風·웅치雄雉」 시를 읊조리면서 "저 오가는 해와 달을 바라보며 긴 세월 두고두고 생각했지만, 길이 그리도 멀다던데 어떻게 오실 수 있으려나."라는 구절에 대해서는 "생각이 간절하군.", 마지막 구절의 "어느 집 낭군인들 덕행을 모르오리까. 해치고 탐욕만 안 부린다면 백성들이 어찌 착하지 않으리오."라는 구절에 대해서는 "바른 데로 돌아갔군."이라고 말하는 식이었다. 〈『河南程氏外書』 권12 제29조〉

완미심의玩味深意

인간은 환경의 동물이다. 그래서 우리는 좋은 인간을 기대한다면 먼저 좋은 환경을 제공해야 한다고 생각한다. 특히 1972년 6월 스톡홀름에서 개최된 유엔 인간환경회의에서 채택된 "인간환경선언"에서는 "인간은 그 생활의 존엄과 복지를 보유할 수 있는 환경에서 자유, 평등, 적절한 수준의 생활을 영위할 기본적 권리를 갖는다."라는 환경권을 선언하였다. 그렇지만 정호는 안자顔子에게 직접 영향을 주는 가난한 삶의 개선에 주의를 기울이기 보다는 오히려 그 빈한한 삶과 그 속에서의 즐거움에 주목하라고 말한다. 사람이면 누구나 가난한 삶을 근심스러워 하고 또 그것을 감당할 수 없어 선한 마음이 동요되기도 한다. 때문에 우리는 늘 환경을 좋게 만들려고 노력하지만, 그 마음을 바로잡으려고 노력하지는 않는다. 그런데 안자는 가난 속에 있는 즐거움을 알기 때문에 마음이 흔들리거나 환경을 바꾸려거나 하지 않았다. 가난 속에서의 즐거움이라는 것은 다른 것이 아니다. 내가 바른 도를 행하면서, 그 환경이라는 것이 나를 어쩌지 못하게 하는 것이다. 안자가 위대한 이유는 바로 환경에 따라서 그 마음이 흔들리지 않고 늘 마음의 중심을 가지고 있기 때문이 아닌가. 그런데 안자의 이러한 행동은 "그"라는 뜻을 가진 "기其"자 하나에 집약되어 있다. 그런 말에 대해 우리는 그냥 읽는 것으로 만족해야 할까? 정호는 이러한 말에 대해서 "완미"해야 된다고 말한다. 즉 그 말이 지닌 뜻을 충분히 알 때까지 스스로 오랫동안 깊이 생각해서 그 뜻을 찾아내야 한다는 것이다.

◎ 출처

顔子在陋巷, 人不堪其憂, 回也不改其樂. 簞瓢陋巷非可樂, 蓋自有其樂耳. 其字當**玩味**, 自有**深意**.(안자는 누추한 골목에 살면서 "사람들은 그런 근심을 감당하지 못하건만, 안회는 누추한 골목에서 사는 본래의 즐거움을 바꾸려하지 않았다." 한 소쿠리의 밥과 한 표주박의 물로 누추한 골목에서 사는 삶은 즐거워할 만한 것이 아니다. 아마도 스스로가 누추한 골목에 살면서 즐거움을 가지고 있었을 것이다. "그" 글자, 즉 "누추한 골목에 살면서"의 의미를 **음미하면**, 글을 읽는 사람은 저절로 **깊은 뜻을 터득할 수 있을 것이다**.) 〈『河南程氏遺書』 권12 제5조〉

장일격가長一格價

공자가 "시詩 삼백 편은 한마디로 생각에 사특함이 없다."라고 말한 것처럼 시라는 것은 사람의 선한 마음을 감동시키기고 또 방탕한 마음을 경계시키는 작용을 한다. 때문에 시를 읽으면 사람의 마음은 순박하면서도 정감이 풍부해지게 된다. 우리는 공부할 때 이론을 배워서 논리적으로 따지는 그런 것만을 이야기하게 되는데, 그렇게 이지적인 것만을 생각하면 인정이 너무 각박해져서 사람 구실을 제대로 할 수가 없다. 사물을 만나서 정감을 가질 수 있는 가장 좋은 방법은 시를 읽는 일이고, 또 그런 정감을 잃지 않게 하기 위해서라도 시는 읽어야 하는 것이다. 정호가 "배우는 자는 시를 읽지 않을 수 없다."고 말한 이유도 바로 여기에 있다. 독서가 사람의 품격을 한 단계 높여준다면, 그것은 바로 시와 같은 그런 순박하면서도 정감이 넘치는 책을 읽음으로 가능한 것이 아니겠는가.

출처

明道嘗言，學者不可以不看詩，看詩便使人<u>長一格價</u>.(명도가 일찍이 말하기를 "배우는 자는 시를 읽지 않을 수 없다. 시를 읽는 것은 사람으로 하여금 <u>한층 품격이 높아지도록 해준다.</u>"고 하였다.) 〈『河南程氏外書』 권12 제59조〉

정이의 독서법 용어

관서문세觀書文勢

글자의 의미를 파악할 때는 문장의 앞뒤의 뜻을 살펴보아야 한다. 똑같은 글자를 쓰더라도 분야마다 고유한 의미를 내포하고 있다. 그런데 그것을 똑같은 의미로 새겨버리면 그 분야의 특색이 잘 살아나지 않게 된다. 그래서 우리는 글자와 글자의 뜻이 서로 비슷하다고 해서 함부로 뒤섞어서 이해해서는 안 되고, 그 분야의 특색을 드러내는 뜻을 취하면서 의미를 파악해야 한다. 글자의 뜻이 서로 비슷하다고 함부로 뒤섞는 것은, 마치 행위를 두고 아름답다는 말과 경치를 두고 아름답다고 하는 말을 똑같은 것으로 이해하는 경우와 같은 것이다.

출처

凡<u>觀書</u>，不可以相類泥其義，不爾則字字相梗，當觀其<u>文勢</u>上下之意. 如充實之謂美與詩之言美不同.(무릇 <u>책을 볼 때</u> 글자의 뜻이 서로 비슷하다는 것 때문에 그 뜻을 뒤섞어서는 안 된다. 만약 그렇지 않고 뒤섞어버리면 글자와 글자의 뜻이 서로 막히게 된다. 그래서 마땅히 그 <u>문세文勢의 앞뒤의 뜻을 살펴봐야 한다.</u> 예를 들면 "충실한 것,

그것을 일러 아름답다"는 것과 『시경』에서 '아름답다'고 말하는 것은 경중이 다른 것이다.) 〈『河南程氏遺書』 권18 제254조〉

단이기심但易其心

책을 읽을 때는 우리가 그 책의 뜻을 파악하는 것도 중요하지만, 책 스스로가 우리에게 그 뜻을 열어 보일 수 있도록 우리가 먼저 마음을 열어두어야 한다. "마음을 온화하게 한다."는 것은 다른 것이 아니라 책의 뜻이 우리에게 열려질 수 있도록 우리가 먼저 마음의 문을 여는 것과 같다. 그렇기 때문에 "저절로 이치를 알 수 있다."는 것은 그 책의 내용과 우리의 마음에 본래 가지고 있던 이치들이 합치되는 것이다. 그래서 "이치라는 것은 사람의 이치일 뿐이다."라고 말하는 이유도 여기에 있는 것이다.

이런 말들은 성리학에서 누구나 다 성인聖人이 될 수 있는 선한 마음을 가지고 있다는 전제로부터 나오는 것이다.

◎ 출처

凡解文字, <u>但易其心</u>, 自見理. 理只是人理, 甚分明, 如一條平坦底道路.(대체로 문장을 이해하는 데 있어서는 <u>마음을 온화하게 하면</u> 저절로 이치를 알 수 있다. 이치가 단지 사람의 이치라는 사실은 매우 분명하니, 마치 하나의 평탄한 길과 같다.) 〈『河南程氏遺書』 권18 제93조〉

독사도일반讀史到一半

흔히 '역사는 승자의 기록'이라고 말한다. 이는 기록된 역사라는 것이 승자의 입장에서 기록한 것이고, 승자를 정당화하는 기록이라는 것이다. 그렇기 때문에 우리가 역사의 기록을 읽을 때는 진정 무엇이 옳고 그른가에 대한 판단의 기준이 있어야 된다. 그렇게 되어야지 비로소 성패에 있어서 진정한 승자가 누구인지 또 패자가 누구인지 가려낼 수 있는 것이다. 정이가 마지막에 "성공한 자도 실로 옳지 않은 것이 있고, 패망한 자도 정말 옳은 것이 있다는 것을 알지 못하면 참으로 아는 것이 아니다."라고 말한 것도 바로 이런 이유 때문이다. 역사책을 읽을 때는 성패 자체에만 머물러서는 안 된다. 성패가 진정 올바른 방법으로 이루어진 것인지 아닌지 잘 살펴보아야 한다. 이러한 독서법은 다른 책을 읽을 때도 적용될 수 있다. 어떤 책이든지 간에 책에는 글쓴이의 주관적인 시각이 들어 있다. 그 시각을 전적으로 옳다고 인정해버리면, 그 사람의 시각이 잘못되었을 경우에는 오히려 우리 자신을 그르칠 수가 있다. 그렇기 때문에 저자의 주관에 대한 면밀한 검토가 있어야 된다. 특히 오랜 시간을 통해서 검증되지 않은 최근의 유행하는 책을 볼 때는 더욱더 그런 비판적인 시각을 가질 필요가 있다.

출처

先生每<u>讀史到一半</u>, 便掩卷思量, 料其成敗, 然後却看有不合處, 又更精思, 其間多有幸而成, 不幸而敗. 今人只見成者便以爲是, 敗者便以爲非, 不知成者煞有不是, 敗者煞有是底.(선생은 <u>역사서를 읽을 때마다 반쯤 읽으면</u> 곧 책을 덮고 생각하여, 그 성공하고 패망한 것을 헤아려보고, 그 뒤에도 읽다가 합치되지 않는 곳이 있으면 또다시 정밀하게 생각하였다. 그 중에는 다행히 성공한 것도 있고, 불행히 실패한 것도 많다. 지금 사람들은 다만 성공한 자를 보고 옳다고 하고, 패망한 자는 그르다고 하니, 이것은 성공한 자도 실로 옳지 않은 것이 있고, 패망한 자도 정말 옳은 것이 있다는 것을 알지 못하는 것이다.)
〈『河南程氏遺書』 권19 제70조〉

독서강명의리讀書講明義理

책을 읽는 데 가장 중요한 것은 의리를 밝히는 것이다. 그렇게 하기 위해서는 어떻게 해야 되는가? 먼저 정심正心과 성의誠意하는 것이 필요하다. 마음을 바르게 하고 뜻을 정성스럽게 하게 되면 책의 내용이 "선조의 영령이 이르게 되는" 것처럼 자기 마음에 이르게 된다. 정심正心하고 성의誠意한다는 것은 다른 게 아니다. 그것은 자기 생각에 치우쳐서 책의 내용을 함부로 판단한다든지 또는 자기 식대로 일방적으로 책의 내용을 해석하는 것이 아니라, 책이 가지고 있는 논리라든지 의미라든지 이런 것들이 어떻게 되어 있는지 파악하기 위해서 선입견이나 편견들을 잠시 뒤로 물려 놓는 것이다. 독서라는 것은 자기의 생각이 옳은지 확인하는 게 아니라 다른 사람의 생각을 받아들여서 자신의 생각을 크게 만드는 것이다. 때문에 머릿속이 자기의 생각으로 가득 차 있으면 책은 읽으나 마나 한 것이 된다.

◎ **출처**

或問, 進修之術何先? 曰, 莫先於正心誠意. 誠意在致知, 致知在格物. 格, 至也, 如祖考來格之格. 凡一物上有一理, 須是窮致其理. 窮理亦多端. 或讀書, 講明義理. 或論古今人物, 別其是非. 或應接事物而處

其當, 皆窮理也.(어떤 사람이 물었다. "도덕을 증진하고 공업功業을 수립하는 공부는 무엇이 먼저인가?" 대답하였다. "마음을 바르게 하고 뜻을 성실히 하는 것보다 먼저 해야 할 것은 없다. 뜻을 성실히 하는 것은 인식을 완성하는 데 달려 있다. '인식을 완성하기 위해서는 사물에 도달해야 한다.'에서 격格은 도달함이니, '선조의 영령이 이르러 온다.'고 할 때의 격格과 같다. 무릇 하나의 물物에는 모두 하나의 리가 있다, 모름지기 그 이치를 궁구해 내야 한다. 궁리의 방법은 다양하다. 혹은 책을 읽어서 의리를 공부하여 밝히고, 혹은 고금의 인물을 논하여 그 시비를 분간하며, 혹은 일에 대응하고 사물에 접하여서 옳은 방법으로 처리하는 것에 이르기까지 모든 것이 다 궁리하는 것이다.") 〈『河南程氏遺書』 권18 제27조〉

독서관성인讀書觀聖人

『논어』는 공자와 그 제자들의 언행이 담긴 어록으로 공자라는 인물의 사상과 행동에 초점이 맞추어져 있다. 『맹자』는 공자의 가르침을 보완·확장한 맹자의 언행과 문답한 내용을 기록한 책으로, 맹자라는 한 인물의 인품과 사상을 이해하는데 손색이 없다. 공자와 맹자라는 성인聖人을 가장 잘 알 수 있는 책으로 『논어』와 『맹자』 만한 것이 없다. 그래서 이 두 책을 읽고 성인을 잘 알게 되면, 그 나머지 경전인 육경六經은 성인이 세상을 다스리는 방법을 풀어놓은 글이기 때문에 쉽게 이해할 수 있게 된다. 우리는 『논어』와 『맹자』를 읽고서는 어떻게 해야 되느냐? 무엇보다 그 내용을 깊이 이해하는데 힘을 기울여야 한다. 그래서 옛사람들은 이 책을 읽을 때 낮과 밤의 행동이 달랐다. 낮에는 만물이 활동하는 시기로 기운이 들떠 있기 때문에 그 내용을 담아두는데 힘을 쓰고, 밤에는 만물이 잠들어 기운이 고요하기 때문에 낮에 담아 둔 내용들에서 생각의 싹을 틔워 사색에 잠겼다. 그래서 그들은 성인이 어떻게 마음을 쓰는지, 성인이 왜 성인이 되는지, 그 성인에 이르는 방법은 무엇인지, 그리고 자신은 왜 그렇게 되지 않는지에 대해 치열하게 반성했다. 이러한 행동은 그들이 단순히 책을 읽는 것이 아니라, 책을 통해 성인을 만나는 것이다. 이것이 진정한 의미의 독서가 아니고 무엇이겠는가.

출처

學者當以論語孟子爲本. 論語孟子旣治, 則六經可不治而明矣. 讀書者, 當觀聖人所以作經之意, 與聖人所以用心, 與聖人所以至聖人, 而吾之所以未至者, 所以未得者, 句句而求之, 晝誦而味之, 中夜而思之, 平其心, 易其氣, 闕其疑, 則聖人之意見矣.(배우는 자는 마땅히 『논어』와 『맹자』를 근본으로 삼아야 한다. 『논어』와 『맹자』를 이미 완전히 이해했으면 육경六經은 힘들이지 않고도 밝게 알 수가 있다. 책을 읽는 자는 성인이 경서를 지은 뜻과 성인의 마음 씀과 성인이 성인의 경지에 이를 수 있었던 이유와 내가 그 경지에 이르지 못하는 이유와 그 뜻을 터득하지 못하는 이유를 살펴보아야 한다. 그리하여 구절마다 의미를 탐구하여 낮에는 외워 음미하고 한밤중에는 생각하되, 마음을 평온하게 하고 기운을 온순하게 하며 의심스러운 것을 제쳐 두면 성인의 뜻을 볼 수 있을 것이다.) 〈『河南程氏遺書』 권25 제54조〉

관서수문해의觀書隨文害義

『주역』 「계사전상繫辭傳上」에 이르기를 "글로는 말하고 싶은 생각을 다 기록하지 못하고, 말로는 가슴속의 뜻을 다 표현해내지 못한다[書不盡言 言不盡意]."고 하였다. 말이란 말하는 사람의 의도를 완전하게 드러내지 못한다. 글도 이와 다르지 않다. 글자라는 것은 글쓴이의 의도를 다 드러낼 수 있는 게 아니다. 글이라는 것은 마음에 담고 있는 생각을 표현하는 하나의 수단인데, 단지 그 글자가 전부인 것으로 알고 그것에만 얽매여서는 안 된다. 왜냐하면 글자에 매이게 되면 오히려 책이 담고 있는 뜻을 모르게 되는 경우가 있고, 또는 글자에 얽매여서 의도를 왜곡시키는 경우도 생길 수가 있기 때문이다. 글자를 몰라도 된다는 것이 아니라, 글자에만 매이지 말고 그것을 통해서 책이 가지고 있는 뜻을 파악하는 독서가 되어야 비로소 올바른 독서라고 할 것이다.

출처

觀書者, 亦須要知得隨文害義.(책을 보는 자는 또한 모름지기 글자를 따르면 뜻을 해치게 된다는 것을 알아야 한다.) 〈『河南程氏遺書』 권2上 제149조〉

독서유험讀書有驗

독서는 단지 책을 읽는 것에서 그치는 것이 아니다. 책을 읽기 전과 읽은 후의 모습이 달라져야 된다. 책에서 읽은 내용을 머릿속에 그냥 담아두는 것이 아니라, 책을 통해서 그 가르침을 받아들이고 자기를 변화시키는 데까지 이르러야 비로소 책을 읽었다고 이야기할 수 있다. 정이가 요즘 사람들은 책을 읽을 줄 모른다고 말하는 이유도 바로 여기에 있다. 그는 『시경』과 『논어』를 예로 들어 설명한다. 『시경』이라는 책은 단지 시詩만을 이야기하는 것이라고 생각하기 쉬운데 사실은 그렇지 않다. 『시경』은 주나라 초부터 춘추시대까지 여러 나라에서 채집된 시로 이루어져 있다. 거기에는 정치적인 풍자, 학정에 대한 백성들의 원망, 공식적인 연회의 의식, 종묘의 의례 및 제도가 반영되어 있다. 그래서 『시경』을 읽으면, 행정관리가 되었을 때는 백성들의 마음을 알아서 다스릴 수 있게 되고, 다른 나라에 사신으로 갔을 때는 그 나라의 풍습과 예절을 알고서 거기에 따라 행동할 수 있게 되는 것이 독서의 효험인 것이다. 또한 『논어』를 읽고 성인을 배웠으면 성인을 머릿속에 담고 있는 게 아니라, 그것을 자기 것으로 만들어서 자신을 변화시켜야 비로소 독서의 효과가 나타나는 것이다.

◎ 출처

今人不會<u>讀書</u>. 如誦詩三百, 授之以政, 不達. 使於四方, 不能專對. 雖多, 亦奚以爲? 須是未讀詩時, 授以政不達, 使四方不能專對·旣讀詩後, 便達於政, 能專對四方, 始是讀詩. 人而不爲周南召南, 其猶正牆面而立. 須是未讀周南召南, 一似面牆. 到讀了後, 便不面牆, 方是<u>有驗</u>. 大抵讀書, 只此便是法. 如讀論語, 舊時未讀是這個人, 及讀了後又只是這個人, 便是不會讀也.(오늘날의 사람들은 <u>독서</u>의 방법을 모른다. 비록 『시경』의 시 3백 편을 다 외운다 하더라도 그것으로써 행정을 집행하는 데까지 통달하지 못하고, 사신으로서 외교를 하는 데 있어서도 사방의 국가에 대하여 자기 판단으로 대응을 못하니, 비록 많이 안다 해도 또한 무슨 소용이 있겠는가. 모름지기 『시경』을 읽지 않았을 때는 행정에 통달하지 못하며, 사방의 나라에 사신으로 가서 자기 판단으로 대응하지 못한다. 장차 『시경』을 읽은 후에는 행정에 통달하여 사방의 나라에 사신으로서 자기 판단으로 대응할 수 있어야 비로소 시경을 읽은 것이다. 공자는 말하기를 "사람으로서 『시경』의 「주남周南」 편과 「소남召南」 편을 배우지 않으면 바로 담장을 마주하고 서 있는 것처럼 답답한 인간이 되고 말 것이다."고 하였다. 모름지기 『시경』을 읽지 않았을 때는 담장을 마주보고 서 있는 것처럼 답답한 인간이지만, 『시경』을 읽고 난 뒤에는 담장을 걷어낸 트인 사람처럼 되니, 이것이 바로 『시경』을 읽은 효험이다. 대저 글을 읽는 방법은 바로 이것이다. 『논어』를 읽는 것에 비유하면, 예전에 읽지 않았을 때 이러이러한 사람이요, 다 읽은 후에도 그저 이런 사람이라면 이것은 『논어』를 읽지 않은 것이다.)
〈『河南程氏遺書』 권19 제80조〉

독지유구讀之愈久

'아는 것만큼 보인다.'라는 말이 있듯이 독서를 할 때도 스스로가 얼마만큼의 깊이를 가지고 있느냐에 따라서 책의 내용도 그와 같이 되는 경향이 있다. 그래서 책을 한 번 보고 다 안다고 생각해서는 안 된다. 특히 고전과 같이 깊은 의미를 지닌 책은 더욱 그렇다. 사람들이 고전은 두고두고 읽어야 하며, 그 읽는 시기마다 의미가 달라진다고 하는 이유도 여기에 있다.

◎ **출처**

先生云, 某自十七八讀論語, 當時已曉文義, 讀之愈久, 但覺意味深長. 論語, 有讀了後全無事者, 有讀了後其中得一兩句喜者, 有讀了後知好之者, 有讀了後不知手之舞之足之蹈之者.(선생이 말하였다. 나는 17·18세부터 『논어』를 읽었는데, 그 때도 이미 글자의 뜻은 알았다. 그 후에 읽으면 읽을수록 그 의미가 더욱 깊어짐을 깨달았다. 『논어』를 읽고 나서 전혀 아무 일도 없는 사람이 있고, 읽고 나서 그 가운데 한 두 구절을 얻고 기뻐하는 사람이 있다. 읽고 나서 좋다는 것을 아는 사람이 있고, 읽고 나서 너무도 좋은 나머지 자신도 모르게 손으로 춤추고 발로 구르며 뛰게 되는 자도 있다.) 〈『河南程氏遺書』 권19 제79조〉

효기문의曉其文義

글을 읽을 때는 글자의 뜻에 얽매이지 말고, 그 글자가 들어 있는 문장의 뜻을 파악해야 된다. 그런 뒤에 글쓴이가 책에서 무슨 말을 하려는 것인지 이해하려고 해야 된다. 문장이 내포하고 있는 뜻에 밝지 않는 자가 그 책의 내용이 의도하는 바를 파악할 수 없기 때문이다. 그래서 책을 읽는 게 아무리 많다고 해도 그렇게 책을 읽지 않으면 아무 소용이 없다. 이러한 독서법은 한글로 된 책을 읽는 사람에겐 그다지 중요하지 않은 내용일 수도 있다. 하지만 뜻글자인 한문을 공부하는 사람에겐 중요한 것이다. 한문은 하나의 글자를 어디서 띄워 쓰고 또 어떻게 해석하는지에 따라 문장의 뜻이 달라지기 때문에 한 자 한 자에 대해서 치중을 하고 또 한 글자 한 글자의 뜻을 소중하게 생각한다. 그래서 이런 말이 나오는 것이다.

◎ **출처**

凡看文字, 先須曉其文義, 然後可求其意. 未有文義不曉而見意者也. 學者看一部論語, 見聖人所以與弟子許多議論而無所得, 是不易得也. 讀書雖多, 亦奚以爲?(무릇 글을 볼 때는 먼저 그 문장의 뜻을 이해해야만 한다. 그런 후에 글쓴이의 의도를 깨달을 수 있다. 문장의 뜻을 이해하지 못하고서 저자의 의도를 아는 자는 있지 않다. 배우는 자들이 한 권의 『논어』를 읽고 성인이 제자들과 나눈 수많은 의론을 보고서도 얻는 바가 없으니, 이것이 얻는 것이 쉽지 않다는 것이다. 독서를 비록 많이 한들 또한 무슨 소용이 있겠는가?) 〈『河南程氏遺書』 권22上 제93조〉

2. 張子의 경우

경의증명經義證明

경전의 뜻이란 것은 세상에 없는 것을 이야기하는 게 아니라 바로 우리의 마음에 있는 것을 드러내고 보여주는 것일 뿐이다. 경전의 뜻은 엄청나게 크고 넓은 데 우리는 늘 좁은 마음을 가지고 경전을 보면서 이건 이런 뜻이고 저건 저런 뜻이라고 말한다. 하지만 먼저 큰 마음을 가지고 경전을 보면 경전의 뜻이라는 것은 그 큰 마음에서 나오는 것임을 증명하는 것에 지나지 않는다. 이렇게 보면 "육경은 내 마음의 주석일 뿐이다."라고 말한 육상산[陸象山 : 1139~1192]과 왕양명[王陽明 : 1472~1529]이 바로 이와 같은 장재의 말에서 많은 영향을 받았을 가능성도 배제할 수 없을 것이다.

◎ **출처**

博大之心未明, 觀書見一言大, 一言小, 不從博大中來, 皆未識盡. 既聞中道, 不易處且休, 會歸諸經義. 己未能盡天下之理, 如何盡天下之言! 聞一句語則起一重心, 所以處得心煩, 此是心小則百物皆病也. 今既聞師言此理是不易, 雖掩卷守吾此心可矣. 凡經義不過取證明而已, 故雖有不識字者, 何害爲善!(넓고 큰 마음이 밝지 못하면, 같은 책을 보고서도 어떤 때는 큰 것을 말하고, 어떤 때는 작은 것을 말한다. 넓고 큰 마음을 따르지 않고 나오는 것은, 모두가 남김없이 아는 것이 아니다. 이미 중용의 도를 들었으면, 어느 한 곳에 머무르거나 중도에 그만두는 것이 쉽지 않아 반드시 여러 경전의 뜻으로 돌아간다. 그 사람 자신이 천하의 이치를 다할 수 없다면 어찌 천하의 말을 다할 수 있겠는가! 한 마디 말을 들으면 한꺼번에 중첩된 마음이 일어나서 처함에 마음의 번뇌를 얻게 된다. 이것이 마음이며, 마음이 작으면 백 가지 일이 모두가 병이 된다. 이제 스승께서 이 이치는 변하지 않는 것이라고 말하는 것을 들었다. 비록 읽던 책을 덮더라도 나의 이 마음을 지킨다면 괜찮을 것이다. 무릇 경전의 뜻이라는 것은 [우리의 이 마음을] 증명하는 데 지나지 않을 뿐이다. 그러므로 비록 알지 못하는 글자가 있다고 하더라도 선을 행하는데 무슨 해로움이 있겠는가!) 〈『張載集』, 「經學理窟·義理」 제51조〉

금회홍대襟懷洪大

책을 이해하려면 마음이 넓고 커야한다. 왜냐하면 책이라는 것은 자신과 같은 생각을 가지고 있는 것만은 아니기 때문이다. 자신과 다른 생각을 가진 책을 읽을 때, 만약 자신의 생각만으로 판단하고 이해한다면, 책을 읽는 것이 아니라 자신의 생각을 확인하는 결과밖에 되지 않는다. 그렇기 때문에 책을 이해하려면 먼저 마음이 넓고 커야한다고 하는 것이다. 또한 책은 경우에 따라 자신이 경험하지 못한 보다 큰 세계를 그려낼 때도 있다. 이런 경우 자신도 책의 내용처럼 넓고 큰 마음으로 책을 대해야 한다. 그렇게 될 때 책이 기술하는 세계의 모습을 볼 수 있다. 이렇게 독서를 통해서 자신과 다른 생각을 받아들이고, 자신이 경험하지 못한 큰 세계를 경험하게 된다면, 그 마음 또한 넓고 크게 되지 않을 수 없다. 따라서 책을 읽는 일과 넓고 큰 마음을 가지게 되는 일은 두 가지가 아니라 바로 한 가지라는 것을 알 수 있다. 이렇게 큰마음을 가질 때 비로소 큰 생각의 체계를 세울 수 있으며, 내 생각이 커야만 나와 남의 생각을 내 안에 담을 수가 있다.

출처

天官之職, 須**襟懷洪大**方看得. 蓋其規模至大, 若不得此心, 欲事事上致曲窮究, 湊合此心, 如是之大必不能得也. 釋氏錙銖天地, 可謂至大. 然不嘗爲大, 則爲事不得, 若畀之一錢則必亂矣.(『주례』「천관」에 대한 이해는 모름지기 그 관직에 대해서 생각하는 사람의 **흉금이 넓고 클 때** 비로소 이해할 수 있다. 그 이유는 그것이 지극히 크기 때문이다. 만약 이같이 넓은 마음을 갖지 못하고, 각각의 사실에 대해서만 일일이 깊이 파고들어서 이 마음을 끼워 맞추면, 이와 같이 큰 것은 분명히 이해할 수 없게 된다. 불교에서는 천지를 극히 작은 것이라 여기니, [마음은] 지극히 큰 것이라고 말할 수 있다. 하지만 [그 마음이] 일찍이 크게 된 적이 없다면, 하고자 하는 일을 할 수가 없다. 만약 [그러한 마음에] 일전一錢이라도 주게 되면 [그 마음이 좁아 담을 수 없어] 반드시 어지럽게 될 것이다.) 〈『張載集』, 「經學理窟·周禮」 제4조〉

관서구의觀書求意

책을 볼 때는 글쓴이의 뜻을 충분히 이해하려는 태도로 읽어야 한다. 물론 누구나 책은 이렇게 읽어야 한다는 것을 알고 있다. 하지만 이렇게 하는 것이 쉽지 않다. 우리는 책을 볼 때 대체로 부분, 부분만을 이해하고, 그 이해에 근거해서 작자의 생각은 버려둔 채 좋은 책인지 나쁜 책인지 판단하게 된다. 그런데 그렇게 하는 것은 책을 읽은 것이 아니다. 책을 읽으려면 모름지기 부분도 의미가 있을 수도 있지만, 전체의 의미를 파악해야 한다. 왜냐하면 저자는 책을 전체로 쓴 것이지 부분으로 쓴 것이 아니기 때문이다. 내가 주관에 따라 아무리 그 책을 좋다 나쁘다 평가를 해도 그 저자의 뜻을 알고서 좋다 나쁘다 평가하지 않으면 그 책은 읽은 게 아니다. 왜냐하면 그것은 단지 그 책을 통해서 자기만을 비추어 보았을 뿐이지, 다른 사람의 생각을 안 것이 아니기 때문이다.

◎ 출처

觀書必總其言而求作者之意.(책을 볼 때는 반드시 그것을 전체적으로 보고 지은이의 뜻을 이해해야 한다.) 〈『張載集』, 「經學理窟·義理」 제34조〉

관서급처觀書急處

책을 볼 때는 우선 핵심적인 것부터 이해해야 한다. 우리는 보통 배경지식을 가지고 사물을 이해하려고 하는 경향이 있다. 그래서 역사서나 다른 책들을 많이 본다. 물론 그것이 잘못된 것은 아니지만 오히려 선입견으로 작용할 수가 있다. 다시 말해서 의리의 핵심을 담은 경전을 읽을 때 그 경전이 가지고 있는 핵심인 의리를 그 자체로 이해하려는 것이 아닌 역사서의 배경적인 지식으로 판단하려 한다는 것이다. 그렇게 되면 경전은 부수적인 것이 되고 역사서가 주된 것이 되어버리는 오류를 범하게 된다. 그래서 책을 볼 때, 특히 경전을 볼 때는 그 핵심적인 것부터 먼저 이해하도록 노력해야 한다. 그러한 이해를 토대로 역사서의 배경적 지식에 도움을 받을 때 진정한 의미의 이해가 된다. 그래서 옛사람들이 중요한 것을 배울 때는 역사서를 볼 겨를이 없다고 말하는 것이다.

◎ 출처

觀書且勿觀史, 學理會**急處**, 亦無暇觀也. 然觀史又勝於游, 山水林石之趣, 始似可愛, 終無益, 不如游心經籍義理之間.(**책을 볼 때**는 또한 역사서를 보아서는 안 된다. **중요하다고 생각되는 곳을 배우고 이해**하는 데 당분간 역사를 공부할 겨를이 없기 때문이다. 그렇지만 역사서를 보는 것은 또한 산수를 유람하는 것보다 낫다. 아름다운 경치의 자태는 처음엔 사랑할 만한 것 같아도, 결국엔 도움이 될 만한 것이 없으니, 유가의 경서와 의리義理 사이에 마음을 두는 것만 못하다.) 〈『張載集』, 「經學理窟 · 義理」 제48조〉

관서불의급박觀書不宜急迫

책을 볼 때는 조급하게 서두르지 않아야 한다. 지금 세상에는 속독이라는 말이 유행하고 있다. 사람들은 책을 빨리 읽고 또 많은 책을 보아야 한다고 말하고들 있다. 물론 독서를 하는 데 많이 보고 빨리 읽을 수 있다면 그것보다 더 좋은 건 없다. 그런데 우리가 책을 빨리 볼 때 과연 그 뜻을 다 알 수가 있겠는가? 뜻도 모르면서 그림 보듯이 그렇게 훑어보고서 책을 다 읽었다고 이야기한다면, 그것은 책을 읽는 시간을 낭비하는 것이 된다. 오히려 더디게 읽더라도 그 뜻을 천천히 새기면서 전체의 뜻을 충분히 파악하면서 읽는 게 좋지 않겠는가. 옛사람들이 책을 볼 때 글자만을 훑고 지나가는 것은, 마치 어린아이가 손이 가리키는 사물은 보지 못하고 손가락만을 바라보는 것과 같다고 한 말을 다시 한 번 깊이 생각해볼 필요가 있다.

◎ 출처

觀書且**不宜急迫**了, 意思則都不見, 須是大體上求之. 言則指也, 指則所視者遠矣. 若只泥文而不求大體則失之, 是小兒視指之類也. 常引小兒以手指物示之, 而不能求物以視焉, 只視於手, 及無物則加怒耳.(**책을 볼 때**는 또한 **서두르지 않는 게 좋다.** 뜻이란 것은 문자로 다 드러나지 않기 때문에 반드시 대체[大體 : 내용의 기본적인 큰 줄거리] 위에서 그 의미를 탐구해야 한다. 말은 곧 뜻이고, 뜻은 곧 문자로 보는 것과 차이가 많다. 만약 문자에만 얽매여서 큰 줄거리를 탐구하지 않으면 그 뜻을 놓치게 된다. 이것은 어린아이가 손가락을 보는 경우와 비슷하다. 때때로 어린아이를 데리고 손가락으로 물건을 가리켜 보여주지만, 어린아이는 물건을 찾아서 볼 줄 모르고, 단지 가리키는 손만 보고서 물건이 없다고 화를 낸다.) 〈『張載集』, 「經學理窟·義理」 제50조〉

관서료오觀書了悟

책을 볼 때는 내가 그 책을 통해 직접 깨닫고, 그것을 실천을 통해 증험하는 것까지를 목표로 삼아야 한다. 흔히 책을 읽을 때면 거기에 어떤 내용이 들어 있는지 알고 그것을 따라하는 것으로 책을 다 읽은 것처럼 생각한다. 하지만 그것은 책이 시키는 대로 따라하는 것이지 자신이 아는 것이 아니다. 책을 읽었다고 하는 것은 책의 내용을 알고, 그것을 스스로 실천하여 옳다는 것을 알게 될 때 비로소 책을 충분히 읽은 것이고, 그것이 바로 책을 읽고 깨달음을 얻는 경지이다. 그런데 우리는 지금 책을 읽었다고 이야기할 때, 직접 읽지도 않고 요약본을 읽거나 영화를 보고서 그 책을 읽었다고 하는 경우가 있다. 그러나 이것은 절대 책을 본 것과는 다르다.

그것은 요약을 한 사람이 본 내용이고 영화를 만든 사람이 본 내용이지 결코 자기가 본 내용은 아니다. 그러니까 책을 볼 때는 스스로 보고 스스로 파악해야 된다. 그렇게 하지 않으면 책을 읽었다고 해서는 안 된다. 이 말은 지금 우리에게 아주 필요한 말이기도 하다.

출처

慕學之始, 猶聞都會紛華盛麗, 未見其美而知其有美不疑, 步步進則漸到, 畫則自棄也. 觀書解大義, 非聞也, 必以了悟爲聞.(배우는 것을 좋아하기 시작할 때는 마치 대도시가 번화하고 아름답다는 것을 듣는 것과 같다. 그 아름다움을 보지 못하고서도 그 아름다움을 안다고 의심치 않고 한 걸음 한 걸음 나아가서 점차로 이르게 되지만, 나아가지 않고 그림을 그린다면 대도시의 아름다움을 스스로 포기하는 것이다. 책을 볼 때 대의를 이해하는 것은 남에게 듣는 것이 아니라 반드시 스스로 읽고 터득하는 것을 듣는 것으로 삼아야 한다.) 〈『張載集』, 「經學理窟·學大原下」 제3조〉

관서정심觀書靜心

우리가 어떤 일을 하던 성공을 위해 가장 필요한 요소 중의 하나가 집중력이다. 그래서 책을 볼 때도 마음을 고요하게 해서 읽어야 하는 것이다. 그런데 독서는 역설적이게도 집중력을 키우는 가장 좋은 방법이라 할 수 있다. 왜냐하면 집중하지 않으면 책을 읽을 수 없기 때문이다. 이러한 의미에서 독서는 두 가지 장점을 가지고 있다. 하나는 지식을 얻을 수 있다는 것이고, 또 하나는 마음을 집중하는 힘을 키우는 데 도움이 된다는 것이다. 이처럼 독서를 통해 키운 집중력과 지식은 일을 하는데 있어서 집중하게 하면서 또 지식을 가지고 해결할 수 있게 해준다는 장점을 제공한다. 그래서 장재라는 사람이 그 마음을 다스리기 위해 『중용』이란 책을 20년에 걸쳐서 읽은 것이다.

출처

某觀中庸義二十年, 每觀每有義, 已長得一格. 六經循環, 年欲一觀. 觀書以靜爲心, 但只是物, 不入心, 然人豈能長靜, 須以制其亂.(내가 『중용』의 뜻을 미루어 생각한 것이 20년이나 되었는데, 볼 때마다 매번 의미가 있어 이미 이 일이 오래되어 나에게는 하나의 격식이 되었다. 그래서 육경을 돌아가며 일 년에 한 번씩 보고자 한다. 책을 볼 때는 고요함으로써 마음을 다스려야 한다. 그런데 이 책을 읽는 일을 함에 있어 마음을 몰입시키지 못한다. 그리한다면 사람들이 어찌 책을 읽는 일에 오래도록 마음을 고요하게 할 수 있겠는가? 모름지기 책을 읽는 일에 몰입하는 것으로써 그 마음의 어지러움을 제어해야 한다.) 〈『張載集』, 「經學理窟·義理」 제54조〉

관서포편세밀觀書布遍細密

책을 볼 때는 전체를 염두에 두고 보되 부분 또한 세밀하게 보는 것을 잊지 말아야 한다. 한낱 물건을 배치할 때조차도 전체 체계 속에 어디에 둘지를 자세하게 살펴서 구한다. 이러한 점에서 『주역』이라는 책을 읽는 사람들은 「서괘전」을 아주 중요하게 생각하고, 그것을 이해하기 위해 많은 노력을 기울인다. 다시 말해서 「서괘전」은 『주역』의 64괘를 천지의 이치나 인간의 삶과 조화될 수 있도록 배열해 놓은 것이기 때문에, 이를 통해 천지의 이치와 인간의 삶을 전체적으로 조망할 수 있을 뿐만 아니라 부분을 전체와의 관계 속에서 이해할 수 있다. 그래서 책을 볼 때는 전체와 부분을 함께 볼 수 있어야 한다.

◎ **출처**

序卦不可謂非聖人之蘊. 今欲安置一物, 猶求審處, 況聖人之於易. 其間雖無極至精義, 大概皆有意思. 觀聖人之書, 須布遍細密如是, 大匠豈以一斧可知哉!(「서괘전」은 성인의 깊은 의도가 함축되어 있는 곳이 아니라고 할 수 없다. 하나의 물건을 적절한 위치에 안배하려 할 때도 자세하게 살펴서 놓아둘 곳을 구하는데, 하물며 성인이 『역』을 지을 때 있어서는 어떻겠는가. 성인이 쓴 책에 간혹 더할 수 없을 만큼의 정밀한 의리가 없다고 하더라도 전체적으로 볼 때는 모두가 뜻을 담고 있다. 성인의 책을 볼 때는 두루 빠짐없이 보되 자세하게 보는 것이 이와 같아야 한다. 아무리 뛰어난 장인이라고 해도 어찌 한 번의 도끼질로써 그 진가를 알 수 있겠는가.) 〈『張載集』, 「橫渠易說·序卦」〉

관서추고觀書推考

책은 여유를 갖고 뜻을 생각하면서 보아야 한다. 우리가 어떤 목적에 치우쳐서 책을 보게 되면, 생각이 한정되어 본래 책의 내용을 잘 파악할 수 없게 되어버린다. 여유를 갖고 책을 보면서 그 내용이 이런 뜻인지 저런 뜻인지 길게 생각하면서 볼 때 비로소 그 책이 가진 의도를 잘 파악할 수 있으며, 또한 그 책으로부터 자신이 얻는 것 또한 풍부해질 수 있다. 어떤 책이든 급하게 읽으려 한다든지 혹은 시험문제의 답을 찾아내듯이 읽으려 한다면, 그 책을 통해 자신의 생각을 멀리 이어가지도 못하고 결국 책을 잘못 읽게 되는 일이 발생하게 되기도 한다.

출처

近來思慮大率少不中處, 今則利在閒, 閒得數日, 便意思長遠, 觀書到無可推考處.(근래 사려가 대체로 적잖이 도중에 멈춰버렸다. 지금 좋은 점은 할 일이 없다는 것이다. 한가한 며칠을 틈타 생각을 하니 끝없이 길고 오래 생각하게 되고, 책을 볼 때는 미루어 생각할 수 없었던 데까지 이르게 되었다.) 〈『張載集』, 「經學理窟·學大原上」 제17조〉

독서구의리讀書求義理

책을 읽을 때는 의리를 파악해야 한다. 의리를 파악해야 한다는 것은, 책을 읽는다는 것이 단순하게 책을 읽는 일만이 아니라는 것이다. 독서는 책의 내용을 정밀하게 이해하는 것뿐만 아니라, 그것에 의거하여 자기 자신을 돌아보고 잘못된 점은 고쳐서 스스로를 바로잡는 것이다. 바로잡아 주는 것은 다름 아닌 책을 통해 파악한 의리인 것이다. 그래서 독서를 했으면 의리가 생기고, 그 의리를 통해 자신을 반성하고 또 그것을 행동에 옮겨야 한다는 것이다.

출처

今且只將尊德性而道問學爲心, 日自求於問學者有所背否, 於德性有所懈否. 此義亦是博文約禮, 下學上達, 以此警策一年, 安得不長! 每日須求多少爲益, 知所亡, 改得少不善, 此德性上之益. 讀書求義理, 編書須理會有所歸著, 勿徒寫過, 又多識前言往行, 此學問上益也, 勿使

有俄頃閒度，逐日似此，三年庶幾有進.(이제 덕성을 높이고 학문에 종사하는 것에 마음을 쓰고, 날마다 배운 것에 위배되는 바는 없었는지, 덕성을 높이는 데 게을리 한 바가 없었는지 스스로 살펴보라. 이것이 의미하는 것은 역시 널리 글을 배워 예의로 단속하고, 아래로 사람의 일을 공부하여 위로 천리에 통달하는 것이다. 이처럼 경계하고 독려하기를 일 년 정도 하면 어찌 발전하지 않을 수 있겠는가. 날마다 조금씩 공부에 유익함을 추구하며, 이전에 몰랐던 것을 새롭게 알고, 나쁜 점은 아주 사소한 것이라도 고쳐야만 한다. 이는 덕성에 도움이 되는 것들이다. <u>독서할 때는 의리를 탐구하고</u>, 책을 편찬할 때에는 반드시 글의 취지를 이해해야만 한다. 한낱 베끼면서 지나가서는 안 되며, 또한 옛 성현들의 말씀뿐만 아니라 성현이 예전에 보여준 행실도 많이 알아야 한다. 이는 학문에 도움이 되는 것들이다. 잠시라도 한가로이 보내지 않도록 해야 한다. 매일매일 이렇게 보내며, 삼년이면 아마도 공부에 진보가 있을 것이다.) 〈『張載集』, 「近思錄拾遺」 제3조〉

독서득의정讀書得義精 · 관서석기의觀書釋己疑

책을 읽을 때는 의리의 정밀함을 얻어야 된다. 의리의 정밀함을 얻는다는 것은 우리의 마음이 어떻게 움직이고, 어디로 가게 하는 것이 올바른 것인지를 자세히 살펴 안다는 것이다. 그래서 의리의 정밀함을 얻게 되면 본래 내가 가지고 있는 선한 마음을 항상 간직하게 되지만, 책을 읽지 않게 되면 그렇게 되지 않는다는 것이다. 그렇게 하기 위해서는 책을 읽을 때는 외울 정도로 읽고서 그 내용에 대해서 생각을 정밀하게 해야 된다. 그렇게 하면 그것이 무슨 뜻인지 터득할 수 있게 된다. 그런데 외우지 못하면 뜻 자체를 파악하는 것조차 힘이 들어 생각 자체가 쉽게 일어나지 않는다. 그에 반해 다 외우고 나면 생각을 통해 전체의 의리를 꿰뚫게 되고 책을 외우는 것도 아주 쉽게 된다. 그 결과, 책을 보는 자는 자기의 의문을 해소하여 곧 유익함을 얻는 것이며, 또 자기가 이해하지 못한 것을 환하게 알게 되니 이전에는 의심스럽지 않았던 데에서도 의문을 갖게 된다. 이것이 바로 학문의 진보이다.

출처

讀書少則無由考校得義精, 蓋書以維持此心, 一時放下則一時德性有懈, 讀書則此心常在, 不讀書則終看義理不見. 書須成誦精思, 多在夜中或靜坐得之, 不記則思不起, 但通貫得大原後, 書亦易記. 所以觀書者, 釋己之疑, 明己之未達, 每見每知所益, 則學進矣, 於不疑處有疑, 方是進矣.(독서가 부족하면 고찰과 비교를 통한 의리의 정밀함을 얻을 수 없다. 책은 우리의 마음을 유지할 수 있도록 해주는 것인데, 한시라도 이를 방치하면 그만큼 덕성도 해이해진다. 독서를 하면 우리의 마음이 항상 간직되지만, 그렇지 않으면 끝내 의리를 찾으려 해도 찾을 수가 없다. 책은 반드시 외우되 생각을 정밀하게 해야 한다. 밤중에 혹 정좌를 하면 정밀한 생각을 얻는 경우가 많다. 외우지 않으면 생각 자체가 일어나지 않는다. 의리의 근원을 꿰뚫은 후에는 책을 쉽게 외울 수 있다. 그래서 책을 보는 자는 자신이 지닌 의문을 해소하고 자신이 도달하지 못한 것을 이해하게 된다. 책을 볼 때마다 새로 유익한 것을 알게 되면 학문은 진보한다. 의문을 갖지 않았던 곳에서 의문을 갖는다는 사실은 학문의 진보를 의미한다.) 〈『張載集』, 「經學理窟·義理」 제40조〉

상서난간尙書難看

『상서』는 이해하기 어렵다. 이 책은 유가의 기본경전인 오경五經의 하나로서, 요堯임금에서부터 주周나라에 이르기까지 여러 제왕들의 정치적인 언행을 기록한 책이다. 즉 정치의 큰 틀을 기록하고 있기 때문에 이 책이 지닌 의미가 얼마나 큰 것인지 알 수 있다. 흔히 이 책을 읽는 것을 산에 오르는 경우에 비유한다. 다시 말해서 우리가 『상서』를 보는 것은 산의 전체 지형을 살피지 않고 산속에 들어가 그 세밀한 부분을 살펴보다가 방향을 잃고 헤매는 것과 같다. 그래서 이 책을 보는 사람이 단지 문구만을 해석하는 것은 쉽지만, 그렇게 해서는 진정 이 책이 담고 있는 큰 뜻을 알기는 어렵다. 큰 뜻을 가진 책을 읽을 때는 그 스스로 또한 큰마음을 가져야 되고 또 그 스스로가 큰마음이 될 수 있도록 변화되어야 한다는 것이다.

◎ 출처

尙書難看, 蓋難得胸臆如此之大, 只欲解義則無難也.(『상서』는 읽기 어렵다. 품고 있는 생각이 그 책의 규모만큼 크지 않으면 이해하기 곤란하다. 단지 그 구절이나 문장만을 해석하기 바란다면 이는 어렵지 않다.) 〈『張載集』, 「經學理窟·詩書」 제11조〉

수저순환須着循環

책은 모름지기 되풀이해서 읽어야 한다. 육경六經이란 유가경전인 『시경』, 『서경』, 『예기』, 『악경樂經』, 『주역』, 『춘추』를 말한다. 그것은 공자를 비롯한 여러 성인聖人들이 지은 책으로 범인凡人으로서는 도달할 수 있는

최고의 경지를 담고 있다. 그렇기에 사람들은 이 책들을 한번 읽고 다 읽었다고 생각하지 않는다. 그래서 자꾸 되풀이해서 읽는다. 그것을 한번 읽을 때 조금 이해되고 또 한 번 읽을 때 조금 이해되고, 이런 식으로 계속해서 읽으면서 한 단계씩 식견이 향상되어진다. 그렇게 읽어가다 보면 언젠가 완전하게 이해되고, 그 순간 그 자신 또한 성인이 되어 있을지도 모른다.

출처

六經則<u>須着循環</u>, 能使晝夜不息, 理會得六七年, 則自無可得看. 若義理則儘無窮, 待自家長得一格則又見得別.(육경六經은 <u>모름지기 자꾸 되풀이하여 읽고,</u> 밤낮으로 쉬지 않고 육칠년 정도 이해하려고 해야 한다. 스스로 할 수 있고 없고는 제가 할 나름이다. 사물의 이치 같은 것은 한꺼번에 이해할 수 없는 무궁한 것이다. 자신의 지식이 한 단계 높아지면 사물의 이치를 이해하는 식견도 새롭게 향상된다.)
〈『張載集』, 「經學理窟·義理」 제57조〉

용심력간用心力看

책을 볼 때는 온 마음과 온 힘을 다해야 한다. 호랑이와 표범 같은 사나운 맹수를 덮쳐잡는 경우를 생각해보라. 얼마나 위태로우며 힘이 들겠는가. 자칫 잘못하면 다치기 쉽고 심지어 목숨조차 위태로운 순간이 아니겠는가. 그렇게 읽어야만 비로소 책의 내용을 이해할 수 있다고 말한다. 왜냐하면 책은 세상의 참으로 복잡하고 어려운 문제를 담고 있기 때문이다. 그러니까 독서를 통해 천하의 일을 알고자 한다면, 책을 읽을 때 마치 맹수를 결박할 때처럼 모든 힘을 다 기울이고 또 정신을 집중해야 한다는 것이다.

출처

周禮惟太宰之職難看, 蓋無許大心胸包羅, 記得此復忘彼. 其混混天下之事, 當如捕龍蛇, 搏虎豹, 用心力看方可.(『주례』 태재太宰의 직책은 이해하기 어렵다. 지극히 넓은 마음으로 모든 것을 망라하여 포용하지 않으면, 이것을 기억했는데 저것을 잊어버리는 어려움이 생긴다. 천하의 일은 복잡다단한 것이므로 용과 뱀을 사로잡고 호랑이와 표범을 덮쳐잡는 것처럼 전심전력을 기울여 보아야만 비로소 이해할 수 있다.) 〈『張載集』, 「經學理窟·周禮」 제35조〉

의리무량개義理無兩箇

의리는 두 개가 아니다. 의리라는 것은 모든 사람이 다 옳다고 인정하고 따라야만 하는 것이다. 하지만 사람들은 자기의 욕망이나 기호에 따라서 의리를 판단하게 된다. 어떤 욕망을 가진 사람은 이렇게 말하고, 다른 어떤 욕망을 가진 사람은 저렇게 이야기하기 때문에 사람마다 의리를 이야기하는 것이 다르다. 이처럼 각각 다른 것은 무엇 때문인가? 바로 자기의 욕망에 따라서 이야기하기 때문이다. 그렇지만 인간이 타고난 본래의 선한 마음에 의거해서 이야기하면 누구나 다 이렇게 밖에 이야기할 수 없는 것이 바로 의리이다. 그래서 의리는 두 개가 아니라 하나 밖에 없다. 즉 책을 읽을 때는 누구나 동의할 수밖에 없는 그런 의미를 찾아내야 한다는 것이다.

◎ 출처

有言經義須人人說得別, 此不然. 天下**義理**只容有一箇是, **無兩箇**是.(경전의 뜻을 말하는데 모름지기 사람마다 다르게 이야기하는 게 있다. 그런데 이것은 잘못된 것이다. 천하의 의리는 다만 하나의 옳음만이 있을 뿐 두 개의 옳음이란 없다.) 〈『張載集』, 「經學理窟·義理」 제37조〉

이명의정理明義精

독서할 때는 이치가 분명하고 의리가 정밀해야 한다. 『춘추』란 기원전 5세기 초에 공자가 엮은 역사서이자 오경五經의 하나로서, 춘추시대 노魯나라 은공隱公 원년元年[B.C. 722]부터 애공哀公 14년[B.C. 481]까지의 역사적 사실을 연대순으로 기록하고 있다. 이 책은 단순히 역사적 사실만을 전달하는 것이 아니라, 대의명분을 밝혀 그것으로써 천하의 질서를 바로잡으려 하였다. 하지만 『춘추』는 명분에 따라 용어들을 엄격히 구별하는 '춘추필법春秋筆法'으로 기술되었고, 또 그 내용이 매우 간단하게 기록되어 있어서 의미를 파악하기가 어렵다. 이런 까닭에 많은 학자들이 자의적으로 해석하는 경우가 많았다. 이와 같이 『춘추』를 지은 공자의 의도를 아무도 모르고 있었는데, 유독 맹자만이 그 뜻을 알고 있었다. 그것은 바로 "미언대의微言大義"이다. 그래서 맹자는 『등문공하藤文公下』편에서 "왕도가 쇠미하게 되니, 사설邪說과 난폭한 행동이 다시 구름처럼 일어났다. 신하된 자로서 임금을 시해하는 자가 있는가 하면, 아들 된 자로서 그 아비를 시해하는 자가 있게 되었다. 어찌 통탄할 일이 아니겠는가. 공자께서는 이러한 세태를 깊이 근심하시어 『춘추』를 지으셨다."라고 한 것이다. 맹자가 보여준 이 "미언대의"가 곧 분명한 이치와 정밀한 의리를 통한 독서의 방법이다.

출처

春秋之書, 在古無有, 乃仲尼所自作, 惟孟子能知之, 非理明義精, 殆未可學. 先儒未及此而治之, 故其說多鑿.(『춘추』라는 책은 옛날부터 있었던 것은 아니며, 공자가 저술한 것이다. 오직 맹자만이 이를 능히 알 수 있었다. 이치가 분명하고 의리가 정밀하지 않으면 『춘추』는 공부할 수 없다. 선유들은 이 점에 부족함이 있었기 때문에 그 설이 억지로 천착하는 것이 많았다.) 〈『張載集』 「近思錄拾遺」 제10조〉

이문해사以文害辭

책은 글자로 되어 있다. 그래서 우리가 글자의 뜻을 잘 살펴야 하는 것도 사실이지만, 그 문장 안에서 또는 책 속에서 그 글자가 어떤 뜻을 지니고 있었는가를 잘 알아야 한다. 장재가 이런 말을 하는 까닭은, 한문이라는 특수성이 여기에 작용했을 수도 있다. 왜냐하면 한문은 뜻글자로 한 글자 속에 여러 가지 의미를 포함하기 때문이다. 그래서 책을 읽을 때 생각이 글자 하나에 치우지면 자칫 글의 전체 뜻을 놓칠 뿐만 아니라 오해할 수가 있게 된다.

출처

觀書當不以文害辭, 如云義者出於思慮忖度, 易言天地之大義, 則天地固無思慮. 天地之情天地之心皆放此.(책을 볼 때 글자 때문에 그 글자가 들어있는 문장의 뜻을 해쳐서는 안 된다는 것은, 예를 들면 의義가 생각해서 미루어 헤아리는 데에서 나온다고 말하는 것과 같은 것이다. 『주역』에서 말한 "천지의 대의大義"란 바로 천지는 본래 만물을 분별하지 않는다는 말이다. "천지의 정情", "천지의 마음"은 모두 이러한 의미로 쓰인 것이다.) 〈『橫渠易說』 下經 「恒」〉

이의역지以意逆志

자신의 생각으로 글쓴이의 뜻을 헤아려보아야 한다. 사람의 생각이란 것은 크게 다르지 않을 수가 있다. 그러므로 자기 자신의 마음을 충실하게 할 때 다른 사람의 마음도 충실하게 이해할 수가 있게 된다. 맹자가 진심盡心, 즉 자기의 마음을 다할 때, 세상에 있는 모든 사물의 뜻을 다할 수 있다는 이유가 바로 여기에 있는 것이다.

◎ **출처**

古人能知詩者, 惟孟子爲<u>以意逆志</u>也. 夫詩之志, 至平易, 不必爲艱險求之, 今以艱險求詩, 則已喪其本心, 何由見詩人之志!(옛사람으로서 『시경』을 제대로 이해한 사람은 오직 맹자 밖에 없다. 맹자는 <u>자신의 생각을 가지고 『시경』의 본의를 헤아려 보았다.</u> 시를 지은 사람의 뜻은 매우 평이하기 때문에 이를 어렵게 생각하여 찾을 필요는 없다. 이를 어렵게 생각하여 시의 참뜻을 찾아보려 하는 것은 이미 자신의 본심을 잃어버린 상태라고 할 수 있다. 그런데 어떻게 시를 지은 사람의 뜻을 살펴볼 수 있겠는가.) 〈『張載集』, 「經學理窟 · 詩書」 제6조〉

함영涵泳

독서할 때는 책 속에 깊이 빠져 마음을 빼앗길 정도가 되어야 한다. 공자와 맹자가 지난 온 행적들을 기록해 놓은 책이 바로 『논어』, 『맹자』이다. 성인을 알려고 하면 『논어』, 『맹자』라는 책을 깊이 이해해야만 한다. 그렇게 하려면 글자와 글귀를 좇아 추상적인 논리로 이해하는 것이 아니라 그들이 생존했던 당시의 시대적 분위기와 그들이 가졌던 문제의식을 파악하고, 또 그들이 역사적 한 인간으로서 고뇌하는 모습을 느낄 수 있어야 한다. 그런데 우리가 어떻게 한 번에 읽고 그것들을 다 알 수가 있겠는가. 성인의 말씀과 행동은 참으로 이해하기가 어렵다. 그렇기 때문에 책 속에 푹 젖어서 익숙하게 될 때 우리는 비로소 그들을 이해할 수가 있고, 우리 또한 그렇게 변화될 수 있을 것이다.

◎ **출처**

要見聖人, 無如論孟爲要. 論孟二書於學者大足, 只是須涵泳.(성인을 이해하려고 한다면 『논어』, 『맹자』보다 중요한 것은 없다. 『논어』, 『맹자』 두 책은 성인을 배우는 사람들에게 모든 것을 충분히 제공해준다. 오직 그 내용에 깊이 빠져 마음을 빼앗길 정도가 되어야 한다.) 〈『張載集』, 「經學理窟 · 義理」 제11조〉

호상발명互相發明

책을 읽을 때 앞뒤의 구절을 서로 대조하여 의미를 이해해야 한다. 『중용』은 공자의 손자인 자사子思의 저작이다. 현재까지 전하여 오는 『중용』은 오경五經의 하나인 『예기』에 있는 「중용」편이 송宋나라 때 주자에 의해

단행본으로 간행된 것이다. 그 내용은 윤리학 및 종교학, 정치학, 과학 등의 학문적 영역을 아우르고 있다. 그 처음에는 "하늘이 명命하는 것, 그것을 일러 성性이라고 한다."라는 큰 주제를 이야기한 후에, 그것을 나누어서 "자기 몸을 닦는 것[修身], 현인을 존중하는 것[尊賢], 가까운 혈연과 친하게 지내는 것[親親], 대신들을 공경하는 것[敬大臣], 뭇 신하들을 내 몸과 같이 여기는 것[體群臣], 뭇 백성을 내 자식과 같이 여기는 것[子庶民], 다양한 기술자들이 찾아 들게 만드는 것[來百工], 먼 지방 사람들까지도 편하도록 어루만져 주는 것[柔遠人], 제후들을 거두어 품는 것[懷諸侯]" 등과 같이 아주 구체적이면서 사소한 것들로 이야기하고, 마지막에는 "하늘이 하는 일은 소리도 없고 냄새도 없다는 표현이야말로 지극한 것이다."라고 다시 종합해서 이야기하고 있다. 그러니까 "호상발명互相發明"이란 우리가 『중용』과 같은 책을 읽을 때는 앞뒤의 문맥을 서로 연결시켜가며 전체를 유기적인 이해 속에 놓아두어야 한다는 것이다.

출처

中庸文字輩, 直須句句理會過, 使其言**互相發明**.(『중용』의 글들은 반드시 한 구절 한 구절을 별도로 이해하여 상하의 구절을 서로 대조하여 의미를 밝혀내야 한다.) 〈『張載集』, 「經學理窟·學大原下」 제14조〉

3. 朱子의 경우

강관심목講貫心目

『朱子語類』卷11에 나오는 용어로서 '강관講貫'과 '심목心目'의 조합어이다. '강관講貫'은 '연구하여 관통한다'는 뜻이고, '심목心目'은 '마음속'이라는 뜻이다. 전체적으로 '연구하여 관통하고 날마다 마음속에서 보고 있어야 한다.'의 뜻이 된다. 주자는 독서인이 책을 접할 때 건성으로 읽지 말고 책의 내용과 마음을 일체화시켜야 한다고 보고, 이런 언급을 했다. 내용과 마음의 일체화란 우연히 도래하지 않는다. 독서인이 경敬에 입각하여 수양해야 한다는 점이 그 첫 번째이고, 책에 갖추어진 이치를 체인하고 '락樂'을 느껴야 한다는 점이 그 두 번째이다.

출처

讀書窮理 當體之於身 凡平日所**講貫**窮究者 不知逐日常見得在**心目**間否 不然 則隨文逐義 趕趁期限 不見悅處 恐終無益(독서로 이치를 깊이 연구할 때는 마땅히 몸에서 그것을 일체화시켜야 한다. 무릇 평소 연구하여 관통하고 철저히 궁구하던 대상을 날마다 마음속에서 보고 있는가? 그렇지 않다면 글을 좇아 의미를 추적할 때 기한에 좇기게 되고 즐거움이 있는 곳을 보지 못하게 되니, 끝내 보탬이 되지 않을 것이다.) 〈『朱子語類』 권11, 學5, 조목2〉

격수미응擊首尾應 격미수응擊尾首應

'그 머리를 치면 꼬리가 응하고 그 꼬리를 치면 머리가 응해야 한다.'의 뜻으로서 활간 독서를 하기 위한 수양 방법이다. 활간 독서는 일차적으로 글의 뜻을 입체적으로 파악하는 데 있지만, 궁극적으로는 인간의 존재론적 한계를 뛰어넘어 현상 너머의 진리를 파악하고자 하는 책읽기이므로, 평범한 방법으로는 되지 않는다. 주자에 의하면, 독서인은 경敬으로 자신의 마음을 잘 다스려야 한다. 경敬으로 피가 묻어나도록 마음을 때리기도 하고, 경敬이 맹장이 되어 인욕과 온힘을 다해 싸우기도 하고, 경敬이 가혹한 형리가 되어 사정없이 형을 집행하기도 해야 한다. 이 가혹한 통제 방법이 모두 활간 독서를 위한 수양 방법이니, 활간 독서에 임하기가 얼마나 어려운지를 알 수 있다.

◎ 출처

就一段中 須要透 <u>擊其首則尾應 擊其尾則首應</u>(한 단락 한 단락을 모름지기 철저하게 이해해야 한다. <u>그 머리를 치면 꼬리가 응하고 그 꼬리를 치면 머리가 응해야 한다.</u>) 〈『朱子語類』 권10, 學4, 조목21〉

결개봉하抉開縫罅

'결개봉하抉開縫罅'는 '결개抉開'와 '봉하縫罅'의 조합어이다. '결개抉開'는 '헤집어 연다.'는 뜻이고 '봉하縫罅'는 '꿰맨 틈새'라는 뜻이니, 전체적으로 '작가의 꿰맨 틈새를 헤집어서 본다.'의 의미를 지닌다. 의미를 좀 더 구체적으로 파악하기 위해서는 작가를 재단사와 견주어 볼 필요가 있다. 재단사가 이 천과 저 천을 박음질해서 하나의 의복을 만들듯이, 작가도 이런 일과 저런 일 혹은 이런 물건과 저런 물건을 하나로 엮어서 완결된 글을 만들어낸다. 작가가 무엇을 어떻게 엮었는지를 파악하려면 글을 해체해서 글감의 상태로 되돌려놓고 들여다보아야 한다. 이런 작업이 바로 '결개봉하'이다. '결개봉하'의 목적은 '치지致知'에 있다. 경經이 격물의 대상이니 경經을 통해 얻고자 하는 바는 당연히 '치지'가 된다. '치지'가 핵심 주제의 체현이라고 볼 때, '결개'한다고 해서 바로 '치지'를 달성하지는 못한다. '결개'하되 허심정좌虛心靜坐도 해야 하고, 침잠반복沈潛反覆도 해야 하고, 정확한 봉하처縫罅處를 탐색도 해야 한다. 낱말, 구절, 단락 등을 치밀하게 분석하고 논리적 흐름을 철저히 장악해야 비로소 올바른 '결개'에 이르고, '치지' 즉 핵심 주제의 체현도 가능해진다.

출처

看文字 且依本句 不要添字 那裏元有<u>縫罅</u> 如合子相似 自家只去<u>抉開</u> 不是渾淪底物 硬去鑿 亦不可先立說 牽古人意來湊(글을 볼 때는 우선 본문의 句에 의지하고 글자를 보태지 않아야 한다. 본문의 句에는 원래 <u>꿰맨 틈새</u>가 있어서 마치 상자와 비슷하니, 단지 <u>스스로 헤집어 열어야 한다.</u> 본문은 억지로 뚫어야 하는 혼란스럽고 알 수 없는 자연 그대로의 산물이 아니다. 역시 먼저 자신의 주장을 세워 놓고 옛 사람의 뜻을 끌어다 붙이지 않아야 한다. (진순록) 〈『朱子語類』 권11, 學5, 조목60〉

급절심구急切尋求

'마음을 아주 급하게 먹고 더욱 앞으로 나아가 미리 맞으려고 한다면 얻는 것이 없게 된다.'는 뜻으로서, 이의착지以意捉志의 현실을 비판한 말이다. 대부분의 독서인은 책을 읽을 때 너무 성급하게 내용을 파악하려고 하는 경향이 있는데, 이런 태도가 바로 이의착지以意捉志이다. 이의착지以意捉志의 병폐는 독서인이 스스로 자신의 뜻을 세운 뒤에 옛사람의 언어를 자신의 뜻에 맞추는 데서 생긴다. 주자에 의하면, 독서인은 자신의 뜻을 먼저 정하지 말고, 글을 음미하고 음미해서 뜻이 저절로 독서인에게 찾아오도록 해야 한다. 이것이 이른바 '마음으로 뜻을 맞이하는 태도[이의역지以意逆志]'이다. 결국, 급절심구急切尋求는 이의역지以意逆志하지 않고 이의착지以意捉志할 때 생겨나므로, 모든 독서인이 경계하고 경계해야 할 독서병통이라고 할 수 있다.

◎ **출처**

且如孟子說詩 要以意逆志 是爲得之 逆者 等待之謂也 如前途等待一人 未來時且須耐心等待 將來自有來時候 他未來 其心**急切** 又要進前**尋求** 郑不是以意逆志 是以意捉志也(가령 맹자는 詩를 말하면서 '마음으로 뜻을 맞이해야 얻게 된다.'고 했는데, '맞이한다'는 것은 '기다림'을 말한다. 가령 길 앞에서 어떤 사람을 기다려도 오지 않을 때 모름지기 인내하는 마음으로 기다리다 보면, 장차 저절로 오는 때가 있게 된다. 그가 오지 않는다고 마음을 아주 급하게 먹고, 더욱 앞으로 나아가 미리 맞으려고 한다면 이것은 도리어 '마음으로 뜻을 맞이한다.'는 것이 아니다. 이것은 '마음으로 뜻을 잡는다.'는 것이다.) 〈『朱子語類』 권11, 學5, 조목30〉

득숙회활得熟會活

'글이 익숙해진 뒤에 비로소 이해된 도리가 살아 움직일 수 있다.'는 뜻이다. 인욕에 얽매이지 않고 숙독정사熟讀精思해야 성현의 의취意趣를 제대로 알 수 있다고 여기고, 이런 언급을 했으리라 본다. '도리가 살아 움직인다.'를 이동理動이나 이발理發로 해석하기는 어려울 것 같다. 주자의 정론定論은 이理의 속성을 무정의無情意, 무조작無造作, 무계탁無計度이라고 하여 동정動靜이 없다고 보므로, 이동理動이나 이발理發과는 거리가 있다. 성현의 의취와 독서인의 마음이 일체가 되었다는 의미로 해석해야 옳으리라 여겨진다.

◎ 출처

不活 則受用不得 須是玩味反覆 到得熟後 方始會活 方始會動 方有得受用處 若只恁生記去 這道理便死了(이해된 도리가 살아 움직이지 않는다면 마음에 수용되지 않는다. 모름지기 글을 반복적으로 이리저리 음미해서 글이 익숙해진 뒤에 비로소 이해된 도리가 살아 움직일 수 있고 살아 움직일 수 있어야 비로소 마음에 수용될 수 있다. 만약 단지 이처럼 억지로 기억하려고 한다면 저 도리는 바로 죽어 버린다.) 〈『朱子語類』 권11, 學5, 조목17〉

반복완미反覆玩味

'반복反覆'과 '완미玩味' 중에 '완미'에 주안점이 놓여 있다. '완미'만을 좀 더 뜯어보면 '어린이가 장난감을 이모저모 어루만지듯 경經의 내용을 이쪽과 저쪽, 위쪽과 아래쪽에서 하나하나 맛본다.'의 의미를 지닌다. 하나하나

맛보는 이유는 경經의 내용이 너무나 복합적이어서 어느 한 쪽만을 맛보아서는 다 파악할 수가 없기 때문이다. 결국, 경經의 모든 측면을 다 파악하기 위한 방법이 '완미'라고 보면 된다. '완미' 그 자체로도 충분할 듯하지만, 주자는 '완미'도 완벽하지 않다고 여긴다. '완미'를 했다 하더라도 내용을 놓칠 수가 있다고 보고, '완미' 앞에 '반복'을 덧붙여 놓았다. 이 정도가 되고 보니, '반복완미'는 그야말로 촘촘한 그물의 형상이다. 그 어떤 경經의 내용도 빠져나갈 수 없게 되어 있다.

◎ **출처**

讀書之法 先要熟讀 須是靜看背看 左看右看 看得是了 未可便說道是 更須**反覆玩味**(독서의 방법은 먼저 숙독하려고 해야 한다. 모름지기 앞을 보고 뒤를 보며 왼쪽을 보고 오른쪽을 보아야 한다. 옳은 것을 보았더라도 바로 옳다고 단정하지 말고, 다시 모름지기 반복해서 속속들이 음미해야 한다.) 〈『朱子語類』 권10, 學4, 조목34〉

분요잡란紛擾雜亂

일종의 독서병통이다. '분요紛擾'는 어지럽다는 뜻이고, '잡란雜亂'은 혼잡하다는 뜻이다. 전체적으로 보면, '독서할 때 마음이 어지럽고 혼잡하다.'는 뜻이 된다. 경敬으로 수양하지 않고 욕심이 가득한 채 책을 읽는다면 마음이 어지럽고 혼잡할 수밖에 없다. 마음을 함양하고 바른 이치를 이리저리 음미하여, 독서인의 마음과 책의 내용이 일체가 되어야 바람직한데, 인욕을 제거하지 못하면 바로 이런 독서병통에 빠지게 된다. 주자가 문인들에게 분요잡란의 독서병통을 빈번하게 언급하고 있어서, 이런 독서 병통을 앓는 문인들이 많다고 할 수 있다.

◎ 출처

學者觀書多走作者 亦恐是根本上功夫未齊整 只是以**紛擾雜亂**心去看(배우는 사람이 책을 볼 때 흔히 마음이 벗어나는 경우는 역시 근본상의 공부가 안정되지 못하고 단지 **어지럽고 혼잡한 마음**으로 글을 보고, 담담하고 차분한 마음으로 보지 않기 때문이다.) 〈『朱子語類』 권11, 學5, 조목16〉

소간극열少看極熱

정신을 집중해서 책을 읽어야 한다는 취지에서 한 말로서, '소소완색少少玩索'이나 '소작대시小作大施'와 유의어이다. '소간少看'은 조금씩 본다는 뜻이고, '극열極熱'은 지극히 깊게 읽는다는 뜻이다. 전체적으로 보아, '책은 마땅히 조금씩 보아야 하고 지극히 깊게 읽어야 한다.'는 뜻이 된다. 성리학적 독서는 어느 경우에나 읽을 분량을 적게 설정해야 한다고 말한다. 숙독완미熟讀玩味하고 내용과 마음을 일체화하기 위해서는 읽을 분량을 많이 설정할 수가 없기 때문이다. 과거 공부, 이른바 시문時文의 경우는 그렇지 않다. 내용과 마음을 일체화할 필요가 없으므로 많은 분량을 설정해서 지식을 습득하면 오히려 좋다고 한다. 이 점에서 성리학적 독서와 시문 독서는 상반된다.

출처

書宜少看 要極熱 小兒讀書記得 大人多記不得者 只爲小兒心專 一日授一百字 則只是一百字 二百字 則只是二百字 大人一日或看百板 不恁精專 人多看一分之十 今宜看十分之一 寬著期限 緊著課程(책은 마땅히 조금씩 보아야 하고 지극히 깊게 읽어야 한다. 아이는 글을 읽으면 기억하지만 어른은 대부분 기억하지 못한다. 단지 아이는 마음을 집중하여 하루에 일백 자를 가르치면 단지 일백 자를, 이백 자이면 단지 이백 자를 기억하지만, 어른은 하루에 행여 백 개의 목판을 보더라도 그처럼 정신을 집중하여 자세히 보지 못하기 때문이다. 사람들은 거의 일분의 십을 보는데, 지금은 마땅히 십분의 일을 보아야 한다. 독서의 기한을 넉넉하게 잡고 그 과정을 야무지게 해야 한다.) 〈『朱子語類』 권10, 學4, 조목37〉

완색궁구玩索窮究

'완색玩索'은 어린이가 장난감을 가지고 놀듯이 대상을 이리저리 뒤적거리며 다룬다는 뜻이고, '궁구窮究'는 끝까지 깊이 있게 연구한다는 뜻이다. 주자는 '완색玩索'과 '궁구窮究'를 서로 다르게 보았다. 둘 가운데서 하나라도 버리지 않아야 한다고 하는 데서 이 점이 드러난다. 송주목, 『주자서당은 어떻게 글을 배웠나』, (청계, 1999), 215쪽에서 '완색玩索'은 수평적 개념이고 '궁구窮究'는 수직적 개념이라고 지적했다. 각기 '타 사물과의 관계를 폭넓게 헤아리기'와 '근저에 흐르는 핵심 찾기'라고 여기니, 양자의 관계를 이렇게 파악할 법도 하다. 다른 언급도 가능하다. '완색玩索'을 '자세히 보기'로 보고 '궁구窮究'를 '깊이 파고 들기'로 이해할 때 '완색玩索'은 표층적 개념이고 '궁구窮究'는 심층적 개념이 된다.

◎ 출처

玩索窮究 不可一廢文字(이리저리 검토하는 것과 끝까지 깊게 연구하는 것, 그 가운데 하나라도 버리지 않아야 한다.) 〈『朱子語類』 권11, 學5, 조목44〉

영인이해迎刃而解

『진서晉書』권34, 두예전杜預傳에 처음 나온다. 진국晉國 대장군大將軍 두예杜預가 오국吳國을 치면서 '대나무의 처음 두세 마디를 쪼개면 그다음 마디가 손쉽게 쪼개지듯, 초기 전선戰線이 무너진 오국을 밀어붙이면 손쉽게 함락시킬 수 있다.'의 의미로 사용했다. 한낱 전쟁 용어에 불과하던 '영인이해'가 주자의 〈독서법〉에 들어오면서부터 의미 변화가 일어난다. 주자의 의도를 살려 해석해 보면, '글의 핵심을 철저하게 장악하면 그 나머지는 아주 쉬워지므로, 모름지기 핵심을 공략하라!'는 의미가 된다. 핵심을 파악하는 데 준비가 필요하다고 볼 때, '영인이해'라는 말은 분석 준비를 철저하게 하라는 당위성까지 함의한다. '영인이해'가 원문을 떠나면서 함의含意가 더 심장深長해졌다고 해도 좋을 것 같다.

◎ 출처

文字大節目痛理會三五處 後當迎刃而解 學者所患 在於輕浮 不沉著痛快(글의 큰 절목을 세 번에서 다섯 번가량 철저하게 이해하면, 다음에는 대의 첫 마디가 쪼개지면 나머지는 칼만 대도 나가듯이 쉽게 풀려 나간다. 배우는 사람이 근심할 것은 가벼움에 있으니, 이것은 아주 시원스럽고 깊이 있게 침잠하지 못하는 원인이다.) 〈『朱子語類』 권10, 學4, 조목14〉

이물관물以物觀物

소강절邵康節의 『관물내편觀物內篇』12의 "위기능관야謂其能觀也 소이위지반관자所以謂之反觀者 불이아관물야不以我觀物也 불이아관물자不以我觀物者 이물관물지위야以物觀物之謂也 기능이물관旣能以物觀 우안능유아어기간재又安能有我於其間哉?"에 나오는 말을 주자가 인용했다. '이아관물以我觀物' 혹은 '이기관물以己觀物'의 상대어이다. '나'의 입장에서 사물을 보지 않고 '나'의 입장을 떠나서 사물을 사물로써 본다는 의미이므로, 나의 주관적 정서를 소거하고 객관적 대상으로서 사물을 본다는 의미가 된다. 선입견을 배제하고 합리적으로 사물을 보기 위해서는 인욕이 없어야 한다. 즉, 글에 대해 그 자체로 인식체계를 갖춘 하나의 우주라고 생각하고, 그런 글 속의 인식체계에 몰입하지 않으면 안 된다.

출처

以書觀書 <u>以物觀物</u> 不可先立己見(글로 글을 보고 <u>사물로 사물을 보아야 하니,</u> 먼저 자신의 견해를 내세우지 않아야 한다.) 〈『朱子語類』 권11, 學5, 조목36〉

이의역지以意逆志

독서할 때의 마음가짐으로서, 마음을 비우고 옛사람의 언어가 어디로 향하는지를 살펴야 한다는 의미이다. 인욕을 걷어내고 옛사람의 언어를 살피면 그 뜻이 어디로 향하는지를 알 수 있지만, 성급한 마음으로 옛사람의 언어를 취하면 문제가 생긴다. 무조건 옛사람의 언어를 끌어들일 경우, 필시 남의 언어를 끌어들여 자신의 의중으로 삼게 된다. 이와 같은 부조리한 상황을 '이의착지以意捉志(마음으로 뜻을 잡는다.)'라 할 수 있다. '이의착지以意捉志'의 상황에서는 임기응변으로 자신의 뜻을 넓힐 수 있을지는 몰라도 진정으로 옛사람의 뜻을 이해하지는 못한다.

출처

如前途等待一人 未來時且須耐心等待 將來自有來時候 他未來 其心急切 又要進前尋求 却不是<u>以意逆志</u> 是以意捉志也 如此 只是牽率古人言語 人做自家意中來 終無進益(가령 길 앞에서 어떤 사람을 기다려도 오지 않을 때 모름지기 인내하는 마음으로 기다리다 보면, 장차 저절로 오는 때가 있게 된다. 그가 오지 않는다고 마음을 아주 급하게 먹고, 더욱 앞으로 나아가 미리 맞으려고 한다면 이것은 도리어 '마음으로 뜻을 맞이한다.'는 것이 아니다. 이것은 '<u>마음으로 뜻을 잡는다.</u>'는 뜻이다. 이와 같이 하는 것은 단지 옛사람의 언어를 끌어들여서 자신의 의중으로 삼는 것이니, 끝내 진전이 없을 것이다.) 〈『朱子語類』 권11, 學5, 조목30〉

일봉일조흔一棒一條痕 일괵일장혈一摑一掌血

독서할 때 지녀야 할 마음가짐으로서, '한 번 때렸으면 한 줄기 흔적이 남아야 하고 한 번 쳤으면 한 웅큼 피가 묻어나야 한다.'는 의미이다. '때리다'나 '치다'는 싸움, 즉 전쟁 용어이다. 전쟁을 할 때 비장한 각오로 적국을 격파하듯이 책을 읽을 때 인욕을 먼저 격파해야 한다. 주자는 『주자어류』 권9, 학學3, 논지행論知行에서 독서를 '혈전血戰'에 비유한 바 있다. 혈전이라고 한다면, 어디서 싸우는지가 관건이다. 아군의 목표는 천리 회복이고 적군은 인욕이므로, 전쟁터는 사람의 마음속이라 해야 옳다. 결국, 인욕 배격론이란 욕망을 배격하고 본성인 천리를 회복하기 위한 방안이 주를 이룬다고 할 수 있다. 이에 따르면, 독서는 자기 자신과의 싸움이다.

◎ **출처**

須是一棒一條痕 一摑一掌血 看人文字 要當如此 豈可忽略(모름지기 한 번 때렸으면 한 줄기 흔적이 남아야 하고, 한 번 쳤으면 한 웅큼 피가 묻어나야 한다. 남의 글을 볼 때도 마땅히 이와 같이 해야 하니, 어찌 글을 소홀히 볼 수 있겠는가?) 〈『朱子語類』 권10, 學4, 조목24〉

일중일중一重一重 입심거간入深去看

성현의 의취는 표면에 드러나 있지 않다. 한 겹 한 겹 다시 한 겹 속에 쌓여 있으니, 파고들어가야 심층적인 의미를 거머쥐어야 한다. 꺼풀을 다 벗겨내면 비로소 살이 보이고 살이 다 발라지면 비로소 뼈가 보이며, 뼈가 다 드러나면 비로소 성현의 의취인 골수가 보인다. 독서법으로 말하자면 숙독熟讀과 다독多讀이다. 깊고 깊어야 한다고 하니 숙독이라 할 수 있고, 읽고 읽어야 한다고 하니 다독이라 할 수 있다. 이치 파악이라는 궁극적인 목적을 상기할 때, 숙독과 다독의 의의는 매우 크다. 객관적 사실과 기존 지식에 의존하기보다는 그 자신의 개념화와 지각경험을 통해서 지식을 구성하기 때문에 내부세계가 무엇보다 강조된다. 성리학에서 외부세계의 이치가 마음속으로 들어와서는 안 되고 마음속에서 찾아낸 이치가 외부세계로 나아가야 한다고 여기는 이상, 지식 구성은 전적으로 내부세계의 개념화와 지각경험에 의존할 수밖에 없다.

출처

聖人言語 <u>一重又一重</u> 須<u>入深去看</u> 若只要皮膚 便有差錯 須深沉方有得(성인의 언어는 <u>한 겹 아래 다시 한 겹으로 싸여 있으니</u>, 모름지기 <u>깊이 있게 살펴야 한다.</u> 만약 단지 표피만을 벗기게 되면 잘못된 이해가 있게 되니, 모름지기 깊게 들어가야만 비로소 바른 이해를 얻게 된다.) 〈『朱子語類』 권10, 讀書法 上, 조목11〉

절기체험切己體驗

책을 읽는 목적이 독서인이 글의 내용을 간절히 체험하는 데 있다고 한다. 바꾸어 말하면, 경전을 대할 때 과거 성현의 어록이라고 생각하고 의미만을 파악하려고 해서는 안 된다. 의미만을 생각하는 태도는 경전을 시문時文으로 보는 태도에 다름 아니기 때문이다. 독서를 수단으로 삼지 않아야 하고, 독서 그 자체를 목적으로 삼아야 한다. 이렇게 할 때 '절기체험切己體驗'의 경지에 도달하게 된다. 정자程子가 특히 '절기切己'를 강조한 바 있다. 『이정유서二程遺書』에서 그런 사례가 많이 나타난다. 『논어論語』를 읽는 사람은 책 속에서 제자들이 질문한 것을 곧 자기의 질문으로 생각하고, 성인이 대답한 것을 오늘날 자신의 귀로 들었다고 생각하라고 하며, 이런 태도가 바로 '절기切己'라고 했다.

출처

讀書 須要<u>切己體驗</u> 不可只作文字看 又不可助長(독서는 모름지기 <u>자기 자신에게 간절하게 체험하려는 것</u>이니, 단지 글을 짓기 위해서 보아서도 안 되고, 또한 무언가를 노려서도 안 된다.) 〈『朱子語類』 권11, 學5, 조목37〉

중온자세重溫仔細

'중온重溫'은 '복습하다'의 뜻이다. 복습한다고 해서 대충대충 보면 안 되고, 모름지기 정신을 집중해서 자세하게 보아야 한다. 어느 부분을 보느냐가 중요하다. 주자는 '의심되지 않는 곳을 보아야 한다.'고 했다. 의심나는 곳을 보라고 하지 않고 왜 의심나지 않는 곳을 보라고 했을까? '공부거리가 거기에 있다'고 하는 언급을 주목하면서 이에 접근해보기로 한다. 그 어느 누구든지 예전부터 익숙하게 알거나 생생하게 체험하거나 한 지식에 대해서는 의심하지 않는다는 점을 상기할 때, 확실한 지식을 대상으로 하여 골똘하게 생각하고 거기에서 이치를 찾으라는 의미로 이해된다.

출처

看文字須子細 雖是舊曾看過 重溫亦須子細 每日可看三兩段 不是於那疑處看 正須於那無疑處看 蓋工夫都在那上也(글을 보는 것은 모름지기 자세해야 한다. 비록 예전에 본 적이 있더라도 복습 역시 모름지기 자세해야 한다. 매일 두세 단락을 보는 것이 좋다. 의심나는 곳을 보라는 것이 아니라 바로 의심하지 않는 곳을 보아야 한다. 대체로 공부거리가 모두 거기에 있기 때문이다.) 〈『朱子語類』 권10, 學4, 조목74〉

존심독서일사存心讀書一事

'존심存心'의 뜻은 '본심지키기'이다. '본심지키기'의 '본심'이란 인간이 품부한 청정무구한 심성을 말한다. '본심'을 천리天理와 동의어라고 보아도 좋다. 성리학에서는 인간이라면 누구나 천리를 타고났다고 한다. 이 점에서는 성인聖人이나 하우下愚나 간에 차이가 없다. 다만 천리의 반대편에 있는 인욕을 어떻게 다스리느냐에 따라 성인과 하우로 나누어진다. 성인은 천리를 보존하고 더욱 더 발전시켜 나가는 데 반해, 하우는 인욕의 포로가 되어 천리를 지키지 못하게 된다. 주자가 '본심지키기'와 '책읽기'가 하나라고 했으니, 책읽기가 인욕을 물리치고 본심을 지키는 행위라고 할 수 있다.

출처

須是存心與讀書爲一事(모름지기 마음지키기와 책읽기는 하나의 일이 되어야 한다.) 〈『朱子語類』 권11, 學5, 조목6〉

직로본의直路本意

주자는 빈번하게 주제를 '바르고 곧은 길'에 비유하곤 한다. '직로直路(곧은 길)'나 '일조정로一條正路(한 가닥의 바른 길)'가 바로 그런 의미로 쓰였다. 바르거나 곧은 길을 두고 꾸불꾸불하거나 엇나간 옆길로 나아가고자 하는 사람은 아무도 없다. 나아가고 싶지 않다고 해서 나아가지 않는 것은 아니다. 인욕이 충일하거나 마음이 성급하면 옆길로 나아가고 싶지 않아도 나아가게 된다. 절기切己하되 분량을 많이 하지 말고 익숙하게 몇 번이나 되풀이해서 읽어야 '바르고 곧은 길'이 눈앞에 보이기 시작한다. 옆길이 그렇게 나쁜가 하면 그렇지는 않다. '바르고 곧은 길'을 가지 않고 옆길로 가기 때문에 문제가 될 뿐이지, 옆길 그 자체가 문제인 것은 아니다.

◎출처

看書不由直路 只管枝蔓 便於本意不親切(글을 볼 때 곧은 길[主題]로 가지 않고 한갓 지엽적인 문제에 빠지면 본문의 뜻에 다가가지 못한다.)〈『朱子語類』 권10, 學4, 조목55〉

취자추구就自推究

독서할 때 지면에서 이치[理]와 의미[義]를 구하지 않아야 하며, 모름지기 돌이켜 자기 자신에게 나아가 자기 외부로 추론해 나가면서 연구해야 한다는 취지에서 한 말이다. 압축하면, 책의 내용과 독서인의 마음을 일치시키라는 의미이다. 성인은 가고 성인의 말은 책 속에만 남아 있다. 글의 의미를 깊이 있게 이해하되 마음 밖으로 나아가 이치와 의미를 확인할 수 있어야 한다. '글의 의미 파악하기'와 '마음 밖으로 나아가기'에 자기 자신에 대한 반성과 만물의 이치 확인이라는 과제가 내포되었다는 점에서, '반구제신反求諸身'과 '격물궁리格物窮理'의 의미가 합해져 있다고 해도 좋을 것 같다.

◎출처

讀書 不可只專就紙上求理義 須反來就自家身上以手自指 推究 秦漢以後無人說到此 亦只是一向去書册上求 不就自家身上理會 自家見未到 聖人先說在那裏 自家只借他古語來就身上推究 始得(독서는 다만 오로지 지면에서 이치와 의미를 구하지 않아야 하며, 모름지기 돌이켜 자신에게 나아가 (손가락으로 자기 자신을 가리키셨다.) 자기 외부로 추론해 나가면서 연구해야 한다. 진한秦漢 이후로 이것을 말한 사람은 없었으나 역시 다만 한결같이 책에서만 추구하고 자신에게 나아가

이해하지 않았다. 스스로 이해하지 못하는데, 성인이 앞서 하신 말씀이 어디에 있겠는가? 자신은 단지 성인이 언어를 빌려 자신에게 추론해 나가며 연구해야 한다.) 〈『朱子語類』 권11, 學5, 조목39〉

침잠완역沈潛玩繹

'침잠沈潛'은 마음을 가라앉힌다는 의미이고, '완역玩繹'은 깊이 생각한다는 의미이다. 마음을 가라앉힌다고 할 때, 단순히 차분한 자세를 가리키지 않는다. 남의 글에 뇌화부동하고 견강부회[隨聲遷就]하지 않는 경지를 가리킨다. 남의 글이란 경전에 대한 주석이므로, 합리적 비판 의식을 가지고 남의 글을 취사선택하라고 당부하는 내용이 된다. 한편, 깊이 생각한다고 할 때 글의 의미를 파악하는 자세를 가리키지 않는다. 글의 의미를 체인하고 독서인의 마음과 일치시키는 경지를 가리킨다. 결국 '침잠완역沈潛玩繹'은 독서의 마음 자세를 지칭하는 용어라고 보면 된다.

◎ 출처

看人文字 不可隨聲遷就 我見得是處 方可信 須沉潛玩繹 方有見處 不然 人說沙可做飯 我也說沙可做飯 如何可喫(남의 글을 볼 때는 뇌화부동하고 견강부회하지 않아야 한다. 내가 옳다고 보았다면 그때는 믿어도 된다. 모름지기 마음을 가라앉히고 깊이 생각해야 비로소 보이는 곳이 있게 된다. 그렇지 않으면 사람들이 모래로 밥을 지을 수 있다고 하면 나 역시 모래로 밥을 지을 수 있다고 말할 것이다. 어떻게 그것을 먹을 수 있겠는가?) 〈『朱子語類』권 11, 學5, 조목67〉

허심정간虛心靜看

어의語義대로 '마음을 비우고 차분히 책을 읽는다.'로 해석해도 좋고, '정靜'을 '정좌靜坐'의 준말로 여겨 '마음을 비우고 정좌해서 책을 읽는다.'로 해석해도 좋다. 필자는 후자의 경우를 따르기로 한다. '허심'과 '정좌'는 오랜 연원을 지니고 있다. '허虛'와 '정靜'이 이미 『노자老子』와 『장자莊子』에서 나타나고 '좌坐'는 좌선법坐禪法에서 쓰인다는 점에서, '허심'과 '정좌'는 도불道佛의 영향을 받아 이루어진 듯하다. 초기 도불의 영향을 받았다면 춘추시대부터 사용되었을 법하지만, 그렇지는 않다. 『논어論語』에서 '거경'의 '경'을 무려 21번이나 사용했지만, '허심'과 '정좌'는 찾아볼 수 없다. 아마도 송학宋學에 이르러서 '거경'을 뒷받침하는 용어로 자리잡지 않았나 하고 생각된다.

출처

看前人文字 未得其意 便容易立說 殊害事 蓋皆不得正理 又枉費心力 不若<u>**虛心靜看**</u> 卽涵養究索之功 一擧而兩得之也(어진 사람의 글을 보고 그 뜻을 이해하지 못하면 쉽게 자기주장을 세워서 일을 그르치게 된다. 대저 이미 바른 이치를 얻지 못한 채 다시 마음과 힘을 쓸데없이 소모하니, 이것은 <u>마음을 비우고 차분히 읽어서</u> 마음을 수양하고 논리를 근거를 찾는 공부에 나아가 일거에 양득하는 것만 못하다.) 〈『朱子語類』권 11, 學5, 조목27〉

하천지구형何天之衢亨

『주역周易』 대축大畜 상구上九에 나오는 말로 "하늘의 구형衢亨을 어찌하랴"의 뜻이다. '구衢'는 '사통팔달의 도로'를, '형亨'은 '통달'을 가리킨다. 쌓인 것이 극에 차면 통한다는 의미로 해석된다. 주지하다시피 주자는 늘상 문인들에게 숙독정사하라고 한다. 책을 읽고 조급하게 성현의 의취나 삼라만상의 이치를 파악하고자 한다면 뜻하는 바를 이룰 수 없다고 여겨 이런 언급을 한다. '성현의 의취나 삼라만상의 이치'는 일정하지 않다. 격물자 혹은 독서인에 따라 의취나 이치가 네모로 보이기도 하고 세모로 보이기도 하고 둥근 원으로 보이기도 한다. 이처럼 의취나 이치는 지식의 차원이 아니라 각성의 차원이다. 선불리 예단하지 말고 숙독정사하여 스스로 묘리를 터득해 나가면 머지않아 활연관통의 경지에 도달하게 된다.

출처

看文字 且自用工夫 先已切至 方可擧所疑 與朋友講論 假無朋友 久之自能自見得 蓋蓄積多者忽然爆開 便自然通 此所謂何天之衢亨也 蓋蓄極則通 須是蓄之極則通(글을 볼 때는 우선 스스로 노력하여 먼저 자신이 간절하고 지극해져야 비로소 의심되는 것을 들추어 벗들과 강론할 수 있다. 설령 벗이 없더라도 오래되면 스스로 능해지고 스스로 알게 된다. 대체로 많이 쌓아두면 홀연히 확 터져서 자연히 통한다. 이것이 이른바 '何天之衢亨'이라 말하는 것이다. 대체로 쌓인 것이 극에 차면 통하니, 모름지기 쌓인 것이 극에 차야 통하게 된다.) 〈『朱子語類』 권11, 學5, 조목77〉

4. 退溪의 경우

강구소의講究所疑

'의문점을 강구한다'는 뜻이다. '강구'를 문집의 취지에 비추어보면 '여러 사람들이 모여 의문점에 대해 대책이나 방안 따위를 궁리하여 풀어낸다.'는 의미이므로, 요즘말로 보면 '스터디 그룹에서 읽고 토론하기'가 된다. '스터디 그룹에서 읽고 토론하기'는 독서 집체 교육의 한 과정이다. 궁극적 이치는 수겹의 꺼풀 속에 깊숙이 들어 있어서 혼자서 포착하기란 여간 어렵지 않다. 이 점에서 상대방과 의견을 주고받는 집체 교육 즉 공동독서·토론 방식이 때로는 효율적일 수 있다. 공맹 이래로 집체 교육이 시행되었음을 감안하면, 효율성이 높다는 인식이 일찍부터 있었으리라 본다. 퇴계는 집체 교육이 수양론의 근거를 확장하는 데 유용하다고 보고, 공동독서·토론 방식을 학단 외부로까지 확장시키려 한다. 비록 교통과 숙식 등의 문제로 시행에 한계가 있다고 해도 학단 간의 벽을 허물고 의리지행을 모색하려 했다는 점에서, 분명히 독서 행위를 수양론적 차원에서 확장하려 했다고 할 수 있다.

출처

前月中 十餘人相聚 老拙亦以避暑往參 得以講究所疑 實非離羣獨學之比 深覺有益 若繼今以往 常能如此 不廢庶幾云云 但小邑欠事力 凡贍學之具 多未措辦 難於久相聚耳(지난달에 10여 명이 모였는데, 나도 피서할 겸 참석했으며, 의문점을 강구할 수 있어서 실로 대중을 떠나 혼자 공부하는 것과 비교할 수 없을 정도로 유익하다는 점을 깨달았습니다. 만약 지금 이후로 항상 이같이 하여 폐하지 않는다면 거의

학업을 이룰 수 있을 것이라고들 했습니다. 다만 작은 고을로 힘이 모자라 학문을 위한 도구를 마련하지 못하는 것이 많으니 오래 서로 모이기는 어려울 것 같습니다.) 〈『退溪全書』續集, 권4, 答李剛而〉

경敬

마음을 하나로 모으는 정신 작용이다. 정이程頤는 "경敬은 사특함을 막는 도道로서 주일무적主一無適이다."라고 했다. 흔히 경敬을 성誠과 견주곤 한다. 성誠이 선천적인 천도天道를 가리키는 데 비해 경敬은 후천적인 인도人道를 가리킨다. 후천적인 인도人道로는 의義 또한 빼놓을 수 없다. 정주학에서는 경敬을 의義와 묶어서 一事로 파악한다. '경敬으로써 마음을 곧게 하고, 의義로써 행동을 바르게 한다.'는 '경이직내敬以直內 의이방외義以方外'에서 이 점이 잘 드러난다. 퇴계는 의義 이상으로 경敬을 중시한다. 경敬을 중심사상으로 하는 『성학십도』는 그 좋은 예가 된다.

◎ 출처

延平之學 以靜爲本 而今告晦菴曰 靜處工夫 鬧處使不著 且使之就日用下工夫 斯乃貫動靜一顯微之道 雖不言敬 而敬在其中 亦何嘗去事物而偏於靜乎哉(연평의 학문은 고요함을 근본으로 삼았으므로, 이제 회암에게 말하기를 "고요한 곳에서의 공부를 시끄러운 데서 드러나지 않게 하라."하고, 또 일상생활 속에서 공부를 착수하게 했으니, 그것은 곧 움직임과 고요함을 서로 통하고 드러남과 은미함을 일치시키는 도道로서 비록 敬을 말하지는 않았으나 경敬은 그 가운데 있는 것이니, 어찌 사물을 떠나서 고요한 데만 치우쳐서 되겠소?) 〈『退溪全書』 권28, 書, 答金惇叙〉

蓋才思義理 心已動了 已不屬靜時界分故也 然此意分明 似不難知 而人鮮能眞知 故靜時不思 便認以爲窈冥寂滅 動時思量 又胡亂逐物去都不在義理上 所以名爲學問 而卒不得力於學也 惟主敬之功 通貫動靜 庶幾不差於用工爾(대개 의리를 생각하기 시작하면 마음이 이미 움직여서 벌써 靜의 경지에 속하지 않게 되는 까닭입니다. 그러나 이 뜻은 분명하여 알기 어렵지 않은 것 같은데도 사람들 중에서 참으로 아는 이가 드물므로, 靜한 때에 생각하지 않는다는 말을 곧 그윽하고 어둡고 적막하고 텅빈 상태로 인정하고, 움직일 때 생각하고 헤아린다는 것은 어수선하게 외계의 사물을 뒤좇아가 전혀 의리 위에 있지 않은 것으로 여깁니다. 그러므로 명색이 학문을 한다고 하면서도 끝내 학문에서 득력할 수 없게 되는 것입니다. 오직 敬을 위주로 하는 공력이 動과 靜을 꿰뚫어야만 用功에 거의 어긋남이 없을 것입니다.) 〈『退溪全書』 권14, 書, 答李叔獻 別紙〉

골륜탄조鶻圇呑棗

'독수리가 맛도 모르고 대추를 통째로 삼킨다.'는 뜻으로서, 송대宋代의 불가佛家와 송유宋儒들이 흔하게 사용하던 관용어이다. 불가의 경우에는 송대宋代 원오선사圓悟禪師의 『벽암록碧巖綠』권3에서 찾을 수 있고 송유宋儒의 경우에는 『주자대전朱子大全』권39, 답허순지答許順之·답임정경答林正卿에서 찾을 수 있는데, 어느 용례에서나 '분석하지 않고 종합만 하는 병통'을 일컫는다. 퇴계는 '골륜탄조'를 독서 병통의 차원에서 사용한다. 사단四端과 칠정七情이 모두 정情이어서 이기理氣에 분속시킬 수 없다고 한 고봉의 주장을 '골륜탄조'라고 비판했으니, '혼전渾全'만 좋아하고 '부석剖析'은 싫어하는 독서 병통을 '골륜탄조'라고 지칭했다고 할 수 있다.

◎ 출처

夫講學而惡分析 務合爲一說 古人謂之鶻圇呑棗 其病不少 而如此不已 不知不覺之間 駸駸然 入於以氣論性之蔽 而墮於認人欲作天理之患矣 奚可哉(무릇 학문을 연구함에 있어서 분석하기를 싫어하며 통합하여 한 가지 이론에만 힘쓰는 것을 옛사람들은 '골륜이 대추를 통째로 삼킨다.'고 했으니, 그런 병통은 작은 것이 아닙니다. 그런데도 이렇게 하기를 그치지 않는다면 자신도 모르는 사이에 기氣로써 성性을 논하는 과오에 빠지게 되며, 또한 인욕을 천리로 여기는 과오에 떨어지게 될 것이니, 어찌 이런 글 읽기의 태도를 옳다고 할 수 있겠습니까?) 〈『退溪全書』 권16, 書, 答奇明彦-論四端七情 第一書〉

근고난숙勤苦爛熟

'부지런히 힘써서 푹 익을 수 있게 읽어라.'는 뜻이다. 퇴계가 한결같이 주장하는 독서법 중의 하나이다. '익숙하게 읽고 정밀하게 생각하며 배부른 것처럼 푹 젖어서 오래 노력하여 쌓은 공이 깊어지면, 맛이 없는 가운데 맛이 있고 긴요함이 없는 가운데 긴요함이 있게 될 것[熟讀精思 優游厭飫 力久功深 到得無味中有味 無緊要中有緊要〈『退溪全書』권28, 書, 答金惇叙〉]'이라든가 '의리와 취미로 마음과 가슴을 적시고 깊이 음미하고 푹 젖어서 그 속에서 노닐기를 하루에 하루를 더하여, 오래오래 차차 익히면 응당 힘을 얻는 때가 있을 것[義理趣味 澆灌心胸 玩適游泳 日復一日 久久漸熟 則當有得力之時矣〈『退溪全書』권12, 書, 答崔見叔〉]'이라든가 하는 언급이 '근고난숙勤苦爛熟'과 유사하다.

출처

凡讀書 **勤苦爛熟** 爲上 質疑雖詳明 文不上口洽心 則終不爲已有 何益之有 公等每有不熟旋忘之患故云(무릇 글을 읽을 때는 **부지런히 힘써 푹 익게 하는 것**이 좋은 법입니다. 질의를 비록 자세하고 분명하게 한다고 해도 입에 오르거나 마음에 젖어들지 않으면, 끝내 자기 것이 되지 못하는데 무슨 유익함이 있겠습니까? 그대들은 매양 익숙하지 못해 곧 바로 잊어버리는 병통이 있으므로 이렇게 말하는 것입니다.) 〈『退溪全書』권35, 書, 答李宏仲〉

독서讀書 병통病痛

독서 과정에서 나타나는 그릇된 습관·가치관·태도를 총칭해서 일컫는 말이다. 퇴계가 '독서 병통'이라는 용어를 직접적으로 구사하지는 않았으나, '독서'와 '병통'이라는 낱말을 아주 빈번하게 사용하고 있기 때문에 '독서 병통'은 결국 퇴계의 조성어造成語나 다를 바가 없다. '독서 병통'은 여러 갈래이기는 해도 크게 보아 다섯 가지로 유형화가 가능하다. 조급하게 서두른다든지 사려가 헝클어진다든지 노불老佛의 수양론에 함몰한다든지 분석은 하지 않고 통합만을 능사로 여긴다든지 성현의 글을 임의로 파악해서 도리어 삿된 뜻에 빠진다든지 하는 병통이 바로 그것이다. '병통'의 유형을 퇴계의 언급에 비추어 정리해 보면, 각기 알묘조장揠苗助長·사려분요思慮紛擾·무각불철無覺不輟·골륜탄조鶻圇呑棗·반섭사의反涉私意가 된다.

○ 출처

竊瞯公之於此學 似有急迫求之之病 故未免於計較近功(가만히 살피건대 그대는 학문을 함에 있어서 너무 서둘러 성취하기를 바라는 병통이 있는 것 같습니다. 그러므로 작은 공을 헤아리고 언제나 초조하게 행하기 어렵다는 생각을 면치 못하는 것입니다.) 〈『退溪全書』 권24, 書, 答鄭子仲〉

且來喩旣云 子思孟子 所就而言之者不同 又以四端爲剔撥出來 而反以四端七情爲無異指 不幾於自相矛盾乎 夫講學而惡分析 務合爲一說 古人謂之鶻圇呑棗 其病不少(보내주신 편지에 '자사와 맹자가 글에서 이에 대해 말한 것이 같지 않다.'고 말하고, 또 '사단은 선한 것만을 끄집어내서 말한 것이다.'고 말하되, 도리어 '사단과 칠정은 뜻이 다를 것이 없다.'고 하니, 이는 스스로 모순되는 것이 아닙니까? 무릇 학문을 연구함에 있어서 분석하기를 싫어하며 통합하여 한 가지 이론에만 힘쓰는 것을 옛사람들은 '골륜이 대추를 통째로 삼킨다.' 고 했으니, 그런 병통은 작은 것이 아닙니다.) 〈『退溪全書』 권16, 書, 答奇明彦-論四端七情 第一書〉

리택상자麗澤相資

'리택麗澤'은 '인접한 두 못이 서로 물을 윤택하게 한다.'는 뜻이다. 이 뜻을 학문 영역에 적용시켜 보면, '학우끼리 서로 도와 학문學問과 품성品性을 닦는 일'을 가리킨다. 퇴계는 '리택麗澤'을 독서 영역에 적용시켰으므로, '리택麗澤'은 '군자가 벗을 모아 강론하고 익힌다.'는 의미가 된다. 즉, 퇴계에 의하면, '리택麗澤'은 '함께 읽기'이다. '함께 읽기'는 서로를 이끌어주는 역할을 하며 자신의 잘못된 견해를 깨치게 할 수 있는 기회를 제공한다. 두 못물이 서로 영향을 주고받아 유익해진다는 리택麗澤의 의미처럼, '함께 읽기'는 서로에게 도움을 줄 수 있는 효용성을 지닌다고 할 수 있다.

출처

易東相聚 固是好事 共讀心經 甚有議論 從前看未透處 看未盡處 得以看透了 看到盡底 或有謬誤看處 因得省改 麗澤相資 古人所樂 方信不我欺也(역동서원에 모여 있음은 실로 좋은 일입니다. 함께 『심경』을 읽으면서 퍽이나 의논이 오고가 전일에 통투하게 보지 못한 곳이나 보았어도 끝까지 보지 못했던 곳을 통투하게 볼 수 있었고, 끝까지 볼 수 있었으며 간혹 잘못 보았던 곳도 그로 인해 깨달아 고칠 수 있었으니, 친구끼리 연마함이 서로 도움이 된다는 옛사람의 말씀이 참으로 헛소리가 아닙니다.) 〈『退溪全書』권36 書, 答具汝膺〉

漸聚得十餘人 共讀心經 講論之際 多所開發 方知昔日昧誤處不少 信乎獨學成孤陋 麗澤深滋益 恨不得與君共此樂也(차츰차츰 십여 인이 모여 함께 『심경』을 읽으며 강론하는 사이에 계발되는 바가 많아서 바야흐로 옛날에 애매하고 잘못 알았던 곳이 적지 않았던 것을 알았습니다. 진실로 독학獨學은 고루하고 麗澤은 滋益이 깊다고 하겠는데 다만 그대와 함께 이 즐거움을 같이 하지 못한 것이 한스러울 뿐입니다.) 〈『退溪全書』권36 書, 答李宏仲〉

무각불철無覺不輟

'항상 잠들어서 깨닫지 못하거나 항상 행하여 멈추지 않는 병통'을 가리킨다. 퇴계가 『주자대전朱子大全』권54, 〈답서언장答徐彥章〉의 '상매무각상행불철지병常寐無覺常行不輟之病', 즉 '무각불철無覺不輟'에서 따왔다. '무각無覺'은 주정적主靜的 태도에 대한 비판이고 '불철不輟'은 주동적主動的 태도에 대한 비판이니, 정靜과 동動의 통관을 바람직하게 여긴다는 언급이 가능하다. 퇴계는 '무각불철'을 독서 병통에 활용한다. 정靜이나 동動에 지나치게 집착할 때 어김없이 '무각불철'이라는 딱지를 붙이는 데서 이 점이 드러난다.

출처

今論無事時持心之法 一要常惺惺 而遣去思慮 是一於靜 而欲無動也 一要未嘗息念 而不替其窮理 是偏於動 而無靜時也 此卽朱子所論 常寐無覺常行不輟之病 皆不可也(지금 아무 일이 없을 때에 마음가짐에 대해 말함에 있어서, 한편으로 언제나 각성 상태에 있어야 한다며 사려를 떨어 버리려고 하니, 이것은 고요함에만 전념하여 움직임이 없기를 바라는 것이요, 한편으로는 생각하기를 쉼이 없어 그 궁리를 그치려 하지 아니하니, 이것은 움직임에 치우쳐서 고요하게 될 때가 없는 것입니다. 곧 주자가 말한 바 "항상 잠들어서 글의 뜻을 깨닫지 못하거나 글의 뜻을 행하기는 하되 멈추지 못하는 병통"과 같으니, 모두 옳지 않습니다.) 〈『退溪全書』 권28, 書, 答金惇敍〉

미발이발未發已發

미발未發은 의식이 발생하기 이전이면서 지각은 어둡지 않은 마음의 상태이고, 이발已發은 의식이 발생해서 지각이 개시되는 마음의 상태이다. 심의心意를 이처럼 둘로 구별하므로, 그 지향점도 같을 수 없다. 즉, 미발의 지향점은 '중中'이고 이발의 지향점은 '화和'이다. 퇴계는 주자의 견해를 수용하여 미발과 이발이 서로 다르기는 하지만, 대립된다고 보지는 않는다. 미발지중未發之中을 '적연부동寂然不動'이라 하고 이발지화已發之和를 '감이수통感而遂通'이라 하며, 양자를 수렴과 확산의 관계로 설정한 데서 이 점을 확인할 수 있다.

◎ 출처

大抵人之爲學 勿論有事無事有意無意 惟當敬以爲主 而動靜不失 則當其思慮未萌也 心體虛明 本領深純 及其思慮已發也 義理昭著 物欲退聽 紛擾之患漸減(대저 사람이 학문을 하는 데는 유사시에나 무사시에나 意念이 있고 없음을 막론하고 오직 마땅히 敬을 위주로 하여 靜할 때나 주재를 잃지 않는다면 思慮가 싹트기 전에는 心體가 허명하여 근원이 깊고 순수하게 되고, 사려가 이미 발함에 이르러서는 의리가 환히 드러나 물욕이 물러나고 동요될 염려가 점차 감소할 것이요) 〈『退溪全書』 권28, 書, 答金惇敍〉

人心備體用 該寂感 貫動靜 故其未感於物也 寂然不動 萬理咸具 而心之全體無不存 事物之來 感而遂通 品節不差 而心之大用無不行 靜則寂而未發之謂也 動則感而已發之謂也 人之所以參三而立極者 不出此兩端而已(人心은 체용을 갖추고 寂感을 아우르고 動靜을 관철하는 것이오. 그래서 사물에 감촉하지 않았을 때에는 寂然不動한 가운데 萬理가 다 갖추어져 있어 心의 전체를 모두 보존할 수 있고, 사물이 다가올 때는 感而遂通하여 각각의 品節에 어긋나지 않아 心의 大用을 모두 행사할 수 있소. 靜이란 寂然하여 발하지 않은 상태를 말하는 것이고, 動이란 感通하여 발한 상태를 말한 것이오. 인간이 天地와 더불어 솥의 세 발처럼 서서 人極을 세울 수 있는 근거는 이 두 가지를 벗어나지 않소.) 〈『退溪全書』 권19, 書, 答黃仲擧〉

박문약례博文約禮

공자가 『논어』에서 처음으로 한 말이다. '글을 널리 배우고 예로써 단속한다.'는 뜻이므로, 지식을 널리 얻고 도덕적 실천을 모색하는 행위 일체를 가리킨다고 할 수 있다. 아무 글이나 읽고 단속한다고 해서 '박문약례'가 되지는 않는다. '박문'은 고전古典을 널리 읽어서 자신의 근본뿐만 아니라 세상의 이치를 깨닫는 행위이고, '약례'는 고예古禮를 통해 자신을 돌아보는 행위이므로, '고전'과 '고례'를 갖추어야 '박문약례'가 될 수 있다. '박문약례'는 송대의 수양적 개념인 '거경궁리'와 연관이 깊다. 즉, '박문'은 '궁리'에 해당되고 '약례'는 '거경'에 해당된다. 퇴계는 '박문약례'를 빈번하게 거론한다. 내부의 수양 방법인 '약례'와 외부의 수양 방법인 '박문'이 둘이 아닌 하나이어야 한다고 믿기 때문이다.

출처

讀書固當反說約也 來說云云 皆已得之 顧恐能踐言之或不易耳(책을 읽는 일은 참으로 博文約禮로 마땅히 돌아와야 하는 것입니다. 편지에 쓰신 말씀은 모두 옳다고 보겠으나, 그 말을 그대로 실천하기는 혹 쉽지 않을까 싶습니다.) 〈『退溪全書』 권12, 書, 答宋寡尤〉

반섭사의反涉私意

퇴계가 지칭한 독서 병통이다. '임기응변으로 대처하다가 도리어 삿된 뜻에 빠진다.'는 뜻을 지니므로, 성현의 글을 음미하지 않고 임의로 판단하는 병통을 가리킨다고 할 수 있다. '사의私意'는 '중정中正'과 반의어이다. '중정中正'에 근거를 두어야 판단 기준이 객관적이라고 볼 때, '사의私意'는 판단 기준이 주관적이어서 문제가 된다. 심心을 이발已發의 묘용자妙用者로 바꾸고 정情의 상태를 확충하기 때문이다. 일단, 정情이 자리를 잡으면 심心의 주재자主宰者는 인욕人欲이 되고, 인욕은 끊임없이 '사의私意'를 불러일으킨다. '사의私意'가 심心을 정情으로 채우고 정情은 인욕을 불러오고 인욕은 새로운 '사의私意'를 확대·재생산하므로, '사의私意'는 경계해야 할 독서 병통이라 하지 않을 수 없다.

◎ 출처

來示謂今字帶於古字 如此回互 反涉私意 非也(보내주신 편지에서 '今'字는 '古'字에 포함되어 있다고 했으니, 이렇게 둘러서 붙인다면 도리어 사사로운 생각에 빠지게 될 것이니, 잘못된 길로 들어서게 됩니다.) 〈『退溪全書』 권28, 書, 答金惇叙〉

부석혼전剖析渾全

'부석'은 하나의 구조를 여러 개의 의미 단위로 쪼개는 독서법이고, '혼전'은 여럿을 혼융해서 이해하는 독서법이다. 퇴계는 고봉과의 사칠논변에서 사단四端이 칠정七情에 포함되므로 이기理氣에 분속시킬 수 없다는 고봉의 주장을 반박하면서, 소종래所從來를 따른다면 엄연히 이理와 기氣가 다르고 사단四端과 칠정七情도 다르다고 한다. 퇴계가 고봉을 비판한다고 해서 '부석'을 '혼전'보다 우위에 올려놓았다고 할 수는 없다. 고봉이 '혼전'만을 주장하기 때문에 '부석'도 필요하다는 점을 확인시키기 위함이다. 퇴계가 반론을 펼치느라고 '부석'을 최일선에 세웠다고 보면 된다. 요컨대 '부석'과 '혼전'은 모두 필요한 독서법이다.

◎ 출처

今之所辨 則異於是 喜同而惡離 樂渾全而厭剖析(지금 그대의 변론은 이와는 다릅니다. 같은 것으로 보는 것은 좋아하지만, 분리된 것으로 보는 것은 싫어하고, 섞어서 온전하게 하는 것은 좋아하지만 쪼개어 나누는 것은 싫어합니다.) 〈『退溪全書』권16, 書, 答奇明彦 四端七情分理氣辨 第一書〉

사려분요思慮紛擾

사려가 어지럽게 헝클어지는 독서 병통을 가리킨다. '사려분요思慮紛擾'는 퇴계 이전에도 주목받았던 병통이다. 고금을 막론하고 '사려분요思慮紛擾'를 넘어서야 심신 수양이 가능하다고 여겼기 때문이다. 물론, 사람마다 '병통'의 해법이 같을 수는 없다. 장횡거張橫渠와 이정二程의 논쟁이 그런 점을 말해준다. 장횡거張橫渠는 기질氣質의 변화시켜 태허太虛의 세계적 본성을 회복해야 한다고 보는 데 반해, 이정二程은 심心을 함양해서 도덕적 주체성을 확보해야 한다고 본다. 두 학자의 논쟁이 워낙 치열했기 때문에 '사려분요思慮紛擾'의 해법이라면 으레 장횡거식張橫渠式과 이정식二程式으로 대별되기에 이르렀다. 퇴계는 이정식二程式의 해법을 따른다. '정양靜養'이 그런 점을 말해준다. '정양靜養'이란 기氣의 함양이 아닌 심心의 함양을 가리키므로, 이정식二程式의 해법에 충실하다고 할 수 있다.

출처

<u>思慮紛擾</u> 古今學者之通患 今欲捄此 固莫如所引程子唯是止於事之語 故大學知止而后 有定靜安之效(<u>사려가 어지럽게 움직이는 것</u>은 예나 지금이나 배우는 이들의 공통된 관심입니다. 이제 이를 해결하고자 한다면 진실로 당신이 인용하신 정자의 "오직 어떤 일에 그친다."는 말보다 더 나은 것이 없습니다. 그래서 『대학』에서는 "머무를 곳을 안 뒤에 안정되며 고요하고 편안한 공효가 있다."라고 한 것입니다.) 〈『退溪全書』 권12, 書, 答崔見叔問目〉

사칠논변四七論辨

'사칠四七'이란 이기론적理氣論的 관점에서 본 사단칠정四端七情을 가리키고, '사칠논변'이란 사단과 칠정의 관계에 대한 퇴계와 고봉의 논쟁을 가리킨다. 퇴계와 고봉의 사칠논변은 심성론心性論과 존재론存在論에 두루 걸쳐 있어서 유학사상의 범주에 속하지만, 퇴계와 고봉이 '사칠논변'을 유리한 방향으로 이끄느라고 『중용中庸』과 『맹자孟子』의 읽기 방법을 적극적으로 개진하고 있어서 독서법讀書法의 범주에 놓이기도 한다. 즉, '사칠논변'은 철학적 대상이기도 하고, 문학적 대상이기도 하다.

출처

性情之辯 先儒發明詳矣 惟四端七情之云 但俱謂之情 而未見有以理氣分說者焉(성정에 대한 논변은 선유들이 자세히 밝혔습니다. 오직 사단칠정에 대해서는 다만 두 가지를 情이라고 했을 뿐이요 理와 氣로 나누어 말하는 것을 보지 못했습니다. 〈『退溪全書』 권16, 書, 答奇明彦 四端七情分理氣辨 第一書〉

抑嘗欲謄取吾兩人往復論辨文字爲一冊 時自觀省 以改瑕纇 而間有收拾不上者爲恨(일찍이 우리 두 사람이 주고받으며 논변한 글을 모아서 한 책으로 만들게 한 것은 그때그때 각자가 관찰하고 반성함으로써 결점을 고쳐나가기 위해서인데, 중간에 수습하여 기록하지 못한 것이 있어서 유감스럽습니다.) 〈『退溪全書』 권17, 書, 重答奇明彦〉

소마격자消磨隔子

본문의 대의大義를 파악하면 그 나머지의 의미는 손쉽게 파악할 수 있다는 뜻이다. 퇴계가 주자 독서법 중의 하나인 '영인이해迎刃而解'의 취의를 받아들여, 이와 같이 언급했다. 영인이해는 '글의 핵심을 철저하게 장악하면 그 나머지는 쉬워지므로 모름지기 핵심을 공략하라'는 의미를 지니고, 소마격자消磨隔子는 '처음에 한 겹의 장벽을 무너뜨리기는 극히 어려우나 그 다음에 한 겹을 무너뜨릴 때에는 힘이 조금씩 덜 든다는 것을 깨닫게 된다.'는 의미를 지니므로, 양자가 의미상으로는 다를 것이 없다. 퇴계가 '영인이해'라는 독서법을 알았을 터인데도 그 취의만을 따서 활용할 따름이고 한번도 직접적으로 거론한 적이 없다. 퇴계가 '영인이해'를 사용하지 않는 까닭은 영인이해가 '소마격자消磨隔子'보다 추상적이기 때문이 아닌가 한다. 비유어인 '대나무와 칼' 보다 일상어인 '격자'가 더 구체적이라는 점을 감안할 때, 구체적 의미를 위해서 원래의 용어를 버렸다고 할 수 있다.

출처

朱子曰 第一項 須著十分工夫了 第二項 只費得八九分工夫云云 非但讀書爲然 硏窮義理 亦然 降衷之理 與我本一 緣氣拘欲蔽 遂成遮隔重重了 窮理做工 用力硏精 初間消磨了這一重隔子 極難 次又消磨了一重 其難不至如前 次又消磨了一重 覺得爲力稍易 理義之心 輒隨消磨分數 漸次而見(〈독대학법〉에서 주자가 말씀하시기를 "제1항에서 10분의 공부를 하고 나면 제2항에 가서는 8, 9분의 공부만 해도 된다." 고 운운했는데, 독서법뿐만 아니라 의리를 궁구하는 데도 역시 그런 것이요. 하늘이 우리 인간에게 善의 이치인 하나의 근본을 부여해 주셨거늘 기질에 얽매이고 욕심에 가려짐을 말미암아 겹겹이 장벽을 이루게 되었소, 이치를 궁구함에 있어서 오랜 힘을 기울이고 정밀히 연구한다면 처음에 한 겹의 장벽을 무너뜨리기는 극히 어려우나, 그 다음에 한 겹을 무너뜨릴 때는 어려움이 앞서와 같지 않을 것이고 또 한 겹을 무너뜨릴 때는 힘이 조금씩 덜 든다는 것을 깨닫게 되어 의리의 마음이 문득 그 무너뜨린 분수에 따라 점차 드러나게 될 것이오.) 〈『退溪全書』卷37, 書, 答李平叔問目〉

소이연소당연所以然所當然

리理의 범주에 내포된 두 가지 측면으로서 존재론에 속한다. '소이연'은 사물과 인사人事의 본질·속성·법칙 등을 포괄하는 존재법칙이며, '소당연'은 '소이연'에 근거하여 도출되는 인간 행위의 당위법칙이다. 퇴계는 배와 수레를 들어 소이연과 소당연의 이理를 설명한다. 배가 물 위로 가고 수레가 땅 위로 간다면 소이연의 이理이고, 배와 수레가 물 위나 땅 위로 가야 한다고 본다면 소당연의 이理라고 한다. 소이연과 소당연이 모두 이理라는 점에서, 어디에 더 비중을 두어야 할지가 관심사이다. 퇴계는 주자와는 달리 소당연의 이理에 더 비중을 둔다. 근거·이유보다 실천적 당위를 강조한다는 점이 그 근거이다. 만약 배와 수레가 장애를 일으킨다면, 퇴계로서는 그 원인을 따지기에 앞서, 어떻게 해야 제 구실을 감당할 수 있는지에 더 신경을 쓸 것 같다.

출처

其中如不可傳者藏於萬物之表等語 似太涉高遠 所以然所當然 亦少有差互說處 想寸晷之下 筆快失照管之病 應己自燭破也(그 가운데 '전할 수 없는 것은 만물의 밖에 감추어 둔다.'는 말 같은 것은 고상하고 심오한 데에 크게 관계되는 것 같습니다. '그러한 까닭'과 '마땅히 그러해야 하는 것'도 약간의 차이가 있는 말로 잠깐 뒤의 일을 생각하면 붓이 빨라서 처리를 잘못하는 병통이 되니, 응당 스스로 밝혀서 깨뜨려야 합니다.) 〈『退溪全書』 권13, 書, 與洪應吉〉

숙독완미熟讀玩味

'숙독'은 차분하게 읽는다는 뜻이고 '완미'는 잘 씹어서 맛본다는 뜻이다. '숙독'과 '완미'의 뜻을 합하면, '문장의 대요를 잘 생각하면서 차분히 읽고 음미한다.'로 정리할 수 있다. '숙독완미'는 『주자어류』〈독서법〉의 '반복완미'와 유사하다. 주자의 영향을 받아 '숙독완미'를 강조했다고 보아도 좋을 것 같다. '숙독완미'는 공부의 가장 기본적인 방법이므로, 아무리 강조해도 지나치지 않다. 퇴계는 '숙독완미'를 독서 병통인 '반섭사의反涉私意'의 처방책으로까지 활용한다. 여타 유학자에 비해 활용 범위를 넓게 설정한다고 할 만하다.

◎ 출처

讀書 句語中看何字要切 如人讀書 不知看大意 必先以何字要切之意橫在肚裏 則不無如來喩之患 若能如先生讀書法 循序致一 **熟讀**精思優游厭飫 力久功深 到得無味中有味 無緊要中有緊要 則此語豈有牽合之病(글을 읽을 적에 句語 중에서 어떤 글자가 긴요한가를 보아야 한다는 것에 대해, 만약에 사람이 글을 읽을 적에 大意는 볼 줄은 모르고 반드시 먼저 어떤 글자가 요긴한 것인가 하는 생각이 가슴속에 가로놓여 있게 되면 보내온 글에서 말한 것과 같은 걱정이 없을 수 없겠지요. 그러나 만약에 능히 주 선생이 글을 읽는 법처럼 순서에 따라 마음을 전일하게 하여 익숙하게 읽고 정밀하게 생각하며 배부른 것처럼 푹 젖어서 오래 노력하여 쌓은 공이 깊어지면, 맛이 없는 가운데 맛이 있고 긴요함이 없는 가운데 긴요함이 있게 될 것이니, 그 말이 어찌 끌어다 붙이는 병폐라 하겠소?) 〈『退溪全書』 권28, 書, 答金惇叙〉

初間 須是耐煩忍苦 咀嚼**玩味** 不以不可口而厭棄之 至於積功之多 漸覺苦中生甜 歲月既深 則蔗境之佳 當自漸入(처음에는 번거로움을 이

겨내고 괴로움을 참으면서 씹고 맛을 들이십시오. 입에 맞지 않는다고 해서 버려서는 안 됩니다. 오래도록 공을 쌓음이 많게 되면 점차로 쓴맛에서 단맛을 깨달을 수 있을 것이고 세월이 오래 되면 蔗境(자경 : 사탕수수를 먹는 경지, 즉 가경.)의 아름다운 날이 저절로 다가올 것입니다.) 〈『退溪全書』 권15, 書, 與李大成暨諸昆季〉

식득인체識得仁體

'익숙하게 완미하여 인仁의 체體를 안다.'의 뜻이다. 인仁의 체體란 '애愛' 그 자체를 말하는 것이 아니다. '애愛'는 정情으로서 인仁의 용用일 따름이고 성性이요 이理를 가리키지 않기 때문이다. 주자에 의하면 '심지덕心之德'과 '애지리愛之理'를 의미한다. 퇴계가 인仁의 체體라고 할 때는 주자의 견해와 동일하다. 주자가 맹자의 "무릇 우리에게 있는 사단四端을 모두 넓혀서 채울 줄 안다면 마치 불이 처음 타오르고 샘이 처음 나오는 것과 같은 것이니, 진실로 능히 채우면 족히 사해四海를 보호할 수 있다.(凡有四端於我者 皆擴而充之矣 若火之始然 泉之始達 苟能充之 足以保四海/『孟子』公孫丑 上)"의 견해를 그대로 수용했으니, 퇴계는 결국 주자를 통해 맹자의 견해를 받아들였다고 할 수 있다. 퇴계의 인仁은 사회 공동체를 지향하고 있다. 〈서명〉을 통해 인용한 부모, 백성, 동포, 만물이 그 근거이다. 사회 공동체와 내면적 성찰을 동시에 겨냥한다는 점에서, 퇴계의 인사상仁思想은 공동체로서의 인간의 삶을 무시한 양주楊朱나 인간의 내면을 전혀 고려하지 않는 묵자墨子와 완전히 다르다.

출처

須熟玩西銘之旨 識得仁體 則自知此兩語之味 蓋仁者之心 本自如此 非以不忘爲意然後不忘也 然亦須於自家心得其正時 親切體驗 實見得乾父

坤母 民胞物與 涵渾惻怛無內外遠近之間 事親事天 眞是一理 擧目莫非此事 靡容一息之停 意思分明 方知此非强設之言也 不然 假使眞能如子春之言 要止是篤於孝行之人爾 若於朱子之言 則又莽莽蕩蕩 無交涉 不近情 而流於墨子之兼愛矣(모름지기 〈西銘〉의 뜻을 **익숙하게 완미하여 仁의 體를 알게 되면** 자연 그 두 말의 의미를 알게 될 것입니다. 대개 仁한 이의 마음은 본래 그런 것이지, 잊지 않기를 생각한 마음에 잊지 않는 것은 아니지요. 그러나 또한 모름지기 자신의 마음이 그 올바름을 얻었을 때에 친절하게 이를 체험하여, 乾은 아버지요 坤은 어머니가 되며, 백성은 나의 동포요 만물은 나와 같은 무리임을 실제로 체득해서 모든 것을 포용하고 측은히 여김에 안과 밖이나 멀고 가까운 차이가 없으며, 어버이를 섬김과 하늘을 섬김이 참으로 한 이치이고, 눈에 들어오는 것은 이 일이 아님이 없어 한 순간의 정체도 용납되지 않는 것 이에 대한 생각이 분명해져야 바야흐로 그것이 억지로 설정한 말이 아님을 알게 될 것이요. 그렇지 않으면 가령 樂正子春의 말과 같이 했다고 하더라도 이는 다만 효행을 돈독하게 하는 사람일 뿐일 것이고, 주자의 말씀에 대해서는 막연하고 황당해서 서로 연관됨도 없고 인정에도 가깝지 아니하게 되어 墨子의 兼愛 사상 쪽으로 흐르게 될 것이요.)〈『退溪全書』卷28, 書, 答金惇叙/ 통권7〉

알묘조장揠苗助長

『퇴계전서』에서 아주 빈번하게 나타나는 독서 병통이다. '억지로 싹을 뽑아 올려서 빨리 자라도록 한다.'는 뜻으로서, 퇴계가 성미 급한 문인門人을 깨우치고자 할 때 으레 이 독서 병통을 언급한다. 애초에는 맹자가 호연지기浩然之氣와 관련시킨 용어였으나, 주자가 '알묘조장'을 호연지기와 분리시킨 다음 의미의 확장을 꾀했고, 퇴계는 한 걸음 더 나아가 '알묘조장'을 독서 병통의 명칭으로 활용했다.

출처

心氣之患 正緣察理未透 而鑿空以强探 操心昧方而揠苗以助長 不覺勞心極力以至此 此亦初學之通患(심기의 질환은 바로 이치를 살피는 것이 투철하지 못해 허공을 뚫어 억지로 찾으려 하고, 마음을 잡는 데 방향을 잃어 싹을 뽑아 자라도록 돕는 데에서 말미암는 것입니다. 그래서 자기도 모르게 마음을 수고롭게 하고 힘을 끝까지 해 이런 지경에 이르게 되는 것이니, 이 또한 초학자들의 공통된 걱정거리입니다.) 〈『退溪全書』 권14, 書, 答南時甫 別幅〉

우유염어優游厭飫

『맹자孟子』 이루장구離婁章句에 처음 나온다. '우유優游'는 '편안하게 노닌다'는 뜻을 지니고, '염어厭飫'는 '물리도록 배불리 먹는다'는 뜻을 지닌다. '우유優游'와 '염어厭飫'의 뜻을 합하면 '무엇을 습득하려면 서두르지 말고 천천히 하되 하나하나 익혀가면서 수없이 반복해야 한다.'로 정리할 수 있다. 책을 잘 읽는 방법을 설파했으니, '우유염어'를 독서법의 차원에서 보아도 좋을 것 같다. '우유염어'는 단순한 독서법이 아니다. 퇴계가 '우유염어'를 존심·양성의 수양론적 차원으로 끌어올렸기 때문에, '우유염어'는 독서인 모두에게 해당되는 '열린 독서법'이라고 할 수 있다.

출처

若能如先生讀書法 循序致一 熟讀精思 優游厭飫 力久功深 到得無味中有味 無緊要中有緊要 則此語豈有牽合之病 來喩云云 似見人之噎而欲廢天下之食也(만약에 능히 주 선생이 글을 읽는 법처럼 순서에 따라 마음을 전일하게 하여 익숙하게 읽고 정밀하게 생각하며 배부른

것처럼 푹 젖어서 오래 노력하여 쌓은 공이 깊어지면, 맛이 없는 가운데 맛이 있고 긴요함이 없는 가운데 긴요함이 있게 될 것이니, 그 말이 어찌 끌어다 붙이는 병폐라 하겠소? 보내온 글에서 운운한 것은 마치 사람들이 음식을 먹다가 목이 메는 것을 보고, 온 천하의 먹을 것을 없애려고 하는 것과 같은 것이라고 하겠소.) 〈『退溪全書』 권28, 書, 答金惇叙〉

융회관통融會貫通

'융회'와 '관통'의 합성어이다. '융회'는 '녹여서 하나로 모은다.'는 의미를 지니고, '관통'은 '꿰뚫어서 통한다.'는 의미를 지닌다. 유교를 심성 수양의 도리로 파악하는 성리학에서는 '융회관통'을 '대상의 이치에 잘 통한다.'는 의미로 활용한다. 융회관통은 독서인을 우주적 존재로 만드는 '관계'의 격물궁리다. 독서인이 우주적 존재로 발돋움하기 위해서는 이일理一의 원칙에 입각해야 하겠지만, 독서병통이 '관계'의 격물궁리를 방해하기 때문에 쉽지가 않다. 독서병통이 성性과 이理, 동動과 정靜, 성性과 정靜의 소통을 체인하지 못하도록 하기 때문에 이런 현상이 생긴다. 해법은 '경敬에 입각한 융회관통'을 모색하는 데 있다. '경敬에 입각한 융회관통'으로 독서병통을 제거해 나갈 때 천인합일의 극처에 도달할 길을 확보하게 된다.

출처

尤當自信而益勵 至於積眞之多 用力之久 自然心與理相涵 而不覺其 **融會貫通** 習與事相熟 而漸見其坦泰安履 始者各專其一 今乃克協于一 此實孟子所論深造自得之境 生則烏可已之驗 又從而俛焉孶孶 旣

竭吾才 則顏子之心不違仁 而爲邦之業在其中 曾子之忠恕一貫 而傳道之責在其身 畏敬不離乎日用 而中和位育之功可致 德行不外乎彝倫 而天人合一之妙斯得矣(더욱 자신을 가지고 힘써 참이 많이 쌓이고 노력이 오래 되면 자연히 마음과 이치가 서로 함양되어 모르는 사이에 융회관통하게 됩니다. 그리고 習과 事가 익숙해져서 차츰 모든 행동이 순탄하고 자연스럽게 됨을 알기에 이릅니다. 처음에 각각 그 하나를 전공했지만, 이제는 하나의 근원에서 만나게 될 것입니다. 이는 실로 맹자가 이른바 "학문을 깊이 파고들어 스스로 깨닫는 경지"이며 살아 있는 동안에는 그만 두지 못할 경험입니다. 따라서 부지런히 힘써서 나의 재주를 다하면 晏子가 석 달 동안 仁을 어기지 않은 마음과 나라 다스리는 사업이 다 그 속에 있게 될 것이며 낳게 되고 曾子가 忠恕一貫하여 道를 전한 것도 바로 자신에게 있으므로, 두려워하고 공경함이 일상생활에서 떠나지 않고 中和를 극치로 하여, 천지만물의 位育에 참여하는 功에 이를 수 있으며 덕행이 윤리를 벗어나지 않게 되어, 天人合一의 묘리를 여기서 얻을 수 있을 것입니다.) 〈퇴계전서』卷7, 箚, 進聖學十圖箚〉

이기불상리불상잡理氣不相離不相雜

이理와 기氣의 묘합 관계를 나타낸 말이다. 주자에 의하면, 이理와 기氣는 서로 떨어질 수도 없고 서로 섞일 수도 없는 혼융무간한 관계이다. 즉, 현상적인 측면에서는 이理와 기氣를 나눌 수 없지만, 논리적인 측면에서는 이理와 기氣가 별개이다. 주자의 견해가 논리적 측면과 현상적 측면에 걸쳐 있기 때문에 논란이 발생할 소지가 없지 않다. 조선조 성리학계에서는 대체로 현상적 측면인 이기불상리理氣不相離를 강조하는 쪽과 논리적 측면인 이기불상잡理氣不相雜을 강조하는 쪽으로 반분된다. 퇴계는 후자에 속한다. 이귀기천理貴氣賤의 가치론적 관점에서 이理의 극존무대성極尊無對性을 강조하기 때문에 이렇게 볼 수 있다.

출처

若以理氣不相離之故 而欲兼氣爲說 則已不是性之本然矣(만약 理와 氣는 서로 떨어지지 않는다는 이유 때문에 氣를 겸하고 있다고 말하고자 한다면, 이미 性의 본연이 아닙니다.) 〈『退溪全書』 권16, 書, 答奇明彦論四端七情第一書〉

大抵義理之學 精微之致 必須大著心胸 高著眼目 切勿先以一說爲主 虛心平氣 徐觀其義趣 就同中而知其有異 就異中而見其有同 分而爲二 而不害其未嘗離 合而爲一 而實歸於不相雜 乃爲周悉而無偏也(대저 의리의 학문은 지극히 정미한 것이니, 반드시 마음을 크게 하고 안목을 높게 하여 반드시 먼저 일설로 주장을 삼지 말고 마음을 텅 비우고 기운을 고르게 하여 천천히 그 의취를 살펴야 합니다. 같은 것 가운데 나아가 다름이 있음을 알고 다른 것 가운데 나아가 같음이 있음을 보며, 나누어 둘로 하여도 그 일찍이 떨어지지 않음을 해치지 않고 합하여 하나로 해도 실제로는 서로 협잡하지 않음으로 귀착되어야만 두루 알고 치우침이 없게 되는 것입니다.) 〈『退溪全書』 권16, 書, 答奇明彦論四端七情第一書〉

이발理發

이理의 발發에서 '발發'은 작위성을 의미한다. 작위성이라고 해서 이理가 꿈틀거리며 움직인다는 뜻은 아니며, 천지만물을 해석하기 위한 동태적인 접근 방법이라고 할 수 있다. 『퇴계언행록』 권4, 〈논이기論理氣〉에 의거할 때, '천지만물은 각기 다르고 쉬임 없이 변화한다.' 천지만물이 각기 다르고 거기에다 변화까지 수반한다면 그 각이성과 변화의 추동력은 이理에서 비롯된다고 할 수밖에 없다. 추동력으로서의 이理는 작위성을 지니게 마련이므로, 이理의 발發은 필연적이다. 결국, 이理의 발發이란 변화하는 사물을 해석하기 위한 기본 틀이다.

출처

斯理也 頃年與奇君明彦論難往復數四 而奇君終不以滉言爲然 然四端理之發 七情氣之發 本晦庵說 其理曉然矣(이 理에 대해서는 연전에 기명언과 논란을 하여 편지를 주고받기 4차에 이르렀으나 기명언은 끝내 滉의 말을 시인하지 않았습니다. 그러나 사단은 理의 발이요 칠정은 氣의 발이라는 것은 본래 회암의 학설로서 그 논리가 효연합니다.) 〈『退溪全書』 권11, 書, 答李仲久〉

自承示喩 卽欲獻愚 而猶不敢自以其所見爲必是而無疑 故久而未發 近因看朱子語類論孟子四端處 末一條正論此事 其說云 四端是理之發 七情是氣之發 古人不云乎 不敢自信而信其師 朱子 吾所師也 亦天下古今之所宗師也 得是說 然後方信愚見不至於大謬 而當初鄭說 亦自爲無病 似不須改也 乃敢粗述其區區以請敎焉 不審於意云何(보내온 편지를 받고서 즉시 어리석은 나의 소견을 전하려 하였으나, 감히 나의 소견이 반드시 옳아서 의심이 없다고 할 수 없기 때문에 오래도록 속에만 담아두고 발설하지 않았더니, 근래 『주자어류』를 보건대 맹자의 사단을 논한 마지막 1조에 바로 이 일을 논했는데, 그 말에 "사단은 바로 理의 발이고, 칠정은 바로 氣의 발이라"고 하였습니다. 감히 자신을 믿지 않고 스승을 믿으라고 옛사람이 말하지 않았습니까? 주자는 내가 스승으로 여기는 바이고, 또 천하고금이 宗師로 받드는 분입니다. 주자의 이 말씀을 보고서야 비로소 나의 소견이 크게 잘못되지 않았다는 것을 믿게 되었고, 당초 鄭生의 說 역시 병통이 없으니 고칠 필요가 없을 듯합니다.) 〈『退溪全書』 권16, 書, 答奇明彦論四端七情第一書〉

이일분수理一分殊

세계를 관철하는 절대적인 원리·법칙과 개물 혹은 현상에 내재하는 각각의 특수 원리·법칙이 일치한다고 보는 주자의 이론이다. 이 이론에 따르면, 세계 만물의 보편적인 법칙이 개별적인 계기를 통해 분화됨으로써 개물 혹은 현상의 특수 법칙이 된다. 정이천은 주로 윤리적 차원에서 이일분수理一分殊를 내세웠지만, 주자는 우주론과 존재론의 영역에까지 외연을 확장시켰다. 본체로서의 태극太極과 만물의 성性이 동일하다는 언급이 바로 그런 예이다. 퇴계의 경우, 주자의 견해와 조금도 어긋나지 않는다. 이일분수理一分殊를 윤리론뿐만 아니라 우주론·존재론의 차원에서 다루기 때문에 이렇게 볼 수 있다.

◎ 출처

朱子曰 西銘 程子以爲明理一而分殊 蓋以乾爲父 坤爲母 有生之類無物不然 所謂理一也(주자가 말하기를, "『서명』에 대해 정자가 말하기를 '理는 하나인데 다양하게 나누어짐을 밝힌 것이다.'라고 하였으니, 무릇 하늘로써 아버지를 삼고 땅으로써 어머니를 삼는 것은 모든 생물이 다 그렇지 않는 것이 없습니다. 이것이 이른바 '理는 하나'라는 것이다."라고 하였습니다.) 〈『退溪全書』 권7, 箚, 第二西銘圖〉

龜山上伊川第一書 疑西銘言體而不及用 恐流弊遂至於兼愛 伊川答書深言其理一分殊 仁義兼盡 非墨氏之比以曉之 龜山稍悟前非 於第二書引此語 以明西銘推理存義之意(양귀산이 정이천에게 올린 첫 편지에서 『서명』에서 '體를 말하고 用을 말하지 아니하였으므로 혹 그 폐단이 겸애설에 이를 것을 두렵습니다.'라고 의심하자, 이천선생이 대답하여 '같은 뜻에서 理는 하나이지만 다양하게 나누어지며 仁·義를 겸했음을 밝힌 것이므로 묵자의 겸애설에 비길 바가 아닙니다.'라고 깨우쳐 주었습니다. 이에 양귀산이 조금 전의 잘못을 깨닫고 두 번째 편지에서 이 말을 인용하여 『서명』에 있는 이 理로 미루어 義를 살핀다는 뜻을 밝혔습니다.) 〈『退溪全書』 권7, 經筵講義, 西銘考證講義〉

인욕人欲

정통 성리학에서는 인욕을 악惡으로 본다. '인간의 이기적인 욕심'으로서 천리天理에 대비된다고 보기 때문에 악惡이라는 인식이 나올 수 있다. 이런 인식은 인욕과 천리가 동일 범주라고 여기는 데서 생겨난다. 동일 범주이므로, 인욕이 많이 일어날 경우에 그만큼 천리는 소멸되고 천리가 회복될 경우에 인욕은 그만큼 소멸된다. 인욕의 판별 기준은 오늘날과 같지 않다. 성리학자들은 행위의 결과보다는 욕망의 과불급過不及을 기준으로 삼기 때문이다. '욕망의 과불급過不及'과 대비되는 개념은 중절中節이다. 중절을 잃을 경우에 인욕의 상태가 되고, 중절을 확보할 경우에 천리의 상태가 된다. 퇴계는 여타 성리학자 이상으로 인욕에 대해서 부정적이다. 〈경연답차經筵答箚〉에서 인욕은 일심一心의 해충이고 도적이며 만악萬惡의 근본이라고 규정한 데서 이 점을 확인할 수 있다.

◎ **출처**

夫講學而惡分析 務合爲一說 古人謂之鶻圇呑棗 其病不少 而如此不已 不知不覺之間 駸駸然 入於以氣論性之蔽 而墮於認人欲作天理之患矣 奚可哉(무릇 학문을 연구함에 있어서 분석하기를 싫어하며 통합하여 한 가지 이론에만 힘쓰는 것을 옛사람들은 '골륜이 대추를 통째로 삼킨다.'고 했으니, 그런 병통은 작은 것이 아닙니다. 그런데도 이렇게 하기를 그치지 않는다면 자신도 모르는 사이에 氣로써 性을 논하는 과오에 빠지게 되며, 또한 인욕을 천리로 여기는 과오에 떨어지게 될 것이니, 어찌 이런 글 읽기의 태도를 옳다고 할 수 있겠습니까?) 〈『退溪全書』 권16, 書, 答奇明彦-論四端七情 第一書〉

靜而涵天理之本然 動而決人欲於幾微 如是眞積力久 至於純熟 則靜虛動直 日用之間 雖百起百滅 心固自若 而閒雜思慮 自不能爲吾患(고요히 있을 때는 천리의 본연을 기르고 움직일 때는 인욕의 낌새를 잘라

버려야 합니다. 이렇게 참된 공부가 쌓이고 노력함이 오래되어 순수하게 숙달하게 되면 고요히 있을 때는 虛하고 움직일 때는 直하게 되어 일상생활에 비록 천 가지 일들이 나타나고 사라지더라도 결코 나의 근심이 될 수 없는 것입니다.) 〈『退溪全書』 권28, 書, 答金惇敍〉

정좌장송正坐莊誦

'정좌正坐'와 '장송莊誦''의 합성어이다. '정좌正坐'는 '허리를 펴고 꼿꼿하게 좌정하는 방법'으로서 '앉기'의 한 종류이다. 유학儒學에서는 외물外物에 의해 분산된 마음을 하나로 모으는 방법으로 제시하기 때문에 '정좌靜坐'의 의미를 내포한다고 할 수 있다. '정좌正坐'는 삿됨을 버리는 '심心'의 수련법이다. '심心'의 바탕은 허령虛靈하지만 인욕人欲이 밀려들면서 흐려지고 만다. 만약, 욕심을 소거하지 않은 채 독서하면 책의 내용이 마음 밖으로 달아난다. '정좌正坐'의 효능은 여기서 발휘된다. '정情'의 상태를 '성性'의 상태로, '이발已發의 묘용자妙用者'를 '미발未發의 전체자全體者'로 바꾸어 주기 때문이다. 이런 경지에 도달할 때, 사의私意가 사라지고 '경敬'이 마음의 주재자主宰者로 자리잡을 수 있다. 한편, '장송莊誦'은 '우렁차게 낭송朗誦한다는 어의語義'를 지닌다. '장송莊誦'을 우렁차게 할 때를 '장송莊誦'이라고 보면 된다. '낭송朗誦'은 음악성을 지닌다. 자구字句나 문장文章에 절주節奏를 붙여서 특정 음절을 짧게 하거나 길게 하므로, 산문散文의 음송吟誦과 유사하고 운문韻文의 영창詠唱과는 다르다. '정좌正坐'와 '장송莊誦'은 선후관계이다. '정좌正坐'를 한 다음 '장송莊誦'의 단계로 나아갈 따름이지 '장송莊誦'을 한 다음 '정좌正坐'의 단계로 나아가지 않는다는 점에서, 선정좌후장송先正坐後莊誦이라 할 수 있다.

출처

先生讀書 正坐莊誦 字求其訓 句尋其義 雖一字一畫之微 不爲於過 魚魯豕亥之訛 必辨乃已(선생이 글을 읽을 때는 단정히 앉아서 우렁차게 읽었으며, 글자마다 그 뜻을 찾고 구절마다 그 의미를 찾았다. 비록 한 자 한 획의 사소한 것이라도 그냥 지나치지 않고 '魚'를 '魯'로 쓴다든지 '豕'를 '亥'로 쓰는 것과 같은 잘못들을 기필코 찾아 바로잡고야 말았다.) 〈『退溪全書』言行錄, 卷1, 讀書〉

존심양성存心養性

자아실현을 위해 제시한 맹자의 수양 방법으로서, '본심을 간직하고 본성을 기른다.'는 뜻을 지닌다. '본심'이 사단을 가리킨다는 점에서, '존심양성'이란 사단을 보존하여 인의예지를 회복·확장하는 데 주안점을 둔다고 할 수 있다. 퇴계는 마음의 수양을 강조할 때, 으레 '존심양성'을 거론하곤 한다. 인의예지를 회복·확장시키기 위해 그만큼 관심을 많이 기울인다고 할 수 있다.

출처

知化則善述其事 窮神則善繼其志 不愧屋漏爲無忝 存心養性爲匪懈(천지조화를 아는 것이 그 천지 부모 일을 잘 계승하는 것이요, 그 조화 속의 신묘함을 궁구하는 것은 그 천지 부모의 뜻을 잘 계승하는 것입니다. 잘 보이지 않는 방구석에서도 부끄럽지 않은 것이 부모를 욕되게 하지 않는 것이며, 마음을 보존하고 본성을 기르는 것은 부모를 섬기는 데 게으르지 않는 것입니다.) 〈『退溪全書』 권7, 箚, 第二西銘圖〉

지행호진知行互進

지知와 행行의 관계에 대해서는 여러 가지 논의가 있다. 선지후행, 선행후지, 지행합일, 지행호진 등이 그것이다. 공자는 선행후지에 입각해 있고, 맹자는 지행합일에 입각해 있고, 주자는 경우에 따라 선행후지에 입각해 있기도 하고 지행호진에 입각해 있기도 한다. 퇴계는 이 가운데서 지행호진에 입각해 있다. 지知와 행行이 수레의 두 바퀴나 사람의 두 자리와 같아야 한다고 하는 데서 이 점이 확인된다.

출처

先近小以及遠大 合精粗以兼內外 <u>知行互進</u>(먼저 가깝고 작은 데서 멀고 큰 곳으로 나아가고 정밀하고 거친 것을 합하여 안과 밖을 겸하니, <u>知와 行이 서로 함께 나아가는 것</u>입니다.) 〈『退溪全書』年譜 권3, 言行總錄〉

처심제행處心制行

'처심제행處心制行'이 '본성을 보존하고 행동을 다스린다.'는 뜻이다. 사칠논변四七論辨을 전개하기 직전에 퇴계가 고봉에게 보낸 편지글 속에 들어 있다. '처심제행處心'에서 '처심處心'과 '제행制行'은 선후관계이다. '처심處心'이 앞서야 '제행制行'이 따르기 때문에 이렇게 볼 수 있다. '처심處心'이 되고도 '제행制行'이 되지 않을 수 있느냐 하면, 그런 경우는 없다. '처심處心'에 너무 오래 머무르고 '제행制行'으로 나아가지 않아서 다만 '제행制行'이 되지 않는 듯이 보일 따름이다. '처심處心'이 이처럼 절대적인 비중을 차지하는 까닭은 '처심處心'이 '존심存心'과 동의어로서 '경敬'을 전제 조건으로 하는 데서 비롯된다. 『주자어류朱子語類』에서 주자가 경敬에 대해 존양存養의 요법要法이라고 하고, 『성학십도聖學十圖』 심학도설心學道說에서 퇴계가 경敬에 대해 성인의 경지에 들어가는 요건이라고 했으니, '경敬' 없이는 '처심處心'도 불가능하다고 보아도 무방하다. 정황이 이러하므로, '처심處心'이 되면 '경敬'은 이미 마음을 주재한다고 할 수 있고 마음은 이미 몸을 주제한다고 할 수 있으며, '제행制行'으로 나아갈 준비를 이미 마쳤다고 할 수 있다.

◎ **출처**

而所示四端七情說 其所造亦可謂邃矣 然而自愚揆之 高明之學 有見於正大廣博之域 而或未融貫於細密精微之蘊也 其**處心制行** 多得於疎達曠坦之意 而尙欠於收斂凝定之功也 故其發爲言論者 雖甚超詣 而或不免有出入矛盾之病 其所自爲謀者 雖非常人所及 而猶未脫於安排前卻之中 則其於擔當一大事 佩負一大名 以處於衝風激浪之際 何可謂無難乎(그리고 나에게 보여준 四端七情說은 공의 조예가 깊다고 이를 만합니다. 그러나 어리석은 나의 소견으로 헤아려 보건대 공의 학문이 정대광박한 경지에는 본 것이 있으나, 細密精微한 蘊奧는 통달하지 못한 듯하며, 공의 **處心과 制行**이 疏達曠坦한 뜻이 많으나 오히려 收斂凝定의 공부는 부족합니다. 그러므로 언론으로 발하는 것이 무척 조예가 깊으나 더러 일정하지 않고 들쭉날쭉하여 서로 모순되는 병폐가 있음을 면치 못했습니다. 그 스스로 계획하는 것이 비록 보통 사람으로서는 미칠 수 없는 바이나, 오히려 의식적으로 안배하고 나아갔다 물러갔다 하는 사이에서 벗어나지 못했으니, 큰 일을 담당하고 큰 이름을 걸머지고서 바람이 휘몰아치는 격랑의 세파에 처신하자면 어찌 어려움이 없겠습니까?) 〈『退溪全書』권16, 書, 答奇明彦〉

천리天理

인간의 본성 속에 본래부터 갖추어진 올바른 도리를 가리킨다. 본성이 올바른 도리를 갖추었다고 보는 점에서, '천리'는 성선설에 토대를 둔다고 할 수 있다. '천리'는 송대 이전에는 별 다른 주목을 받지 못했고, 정명도에 이르러 비로소 주목받기 시작했다. 즉, 정명도가 '천리'를 사단四端의 총명이라고 하며 '인욕'과 대비시킨 이후로, '천리'는 '인욕'과 더불어 윤리학적 차원의 주요 개념이 되었다. 퇴계는 '천리'와 '인욕'의 관계를 윤리학적 차원에서 다루면서 여러 가지 개념을 추출해 낸다. 공公과 사私, 의義와 이利를 분별한 것은 그 좋은 예이다.

◎ 출처

延平默坐澄心 體認天理之說 最關於學者讀書窮理之法('조용히 앉아서 마음을 맑게 하고 천리를 체인하라.'는 연평의 말은 배우는 사람들이 글을 읽고 이치를 궁구하는 방법으로서 가장 긴요합니다.)〈『退溪全書』言行錄, 권1, 讀書 (김성일록)〉

若以天理觀之 動之不能無靜 猶靜之不能無動也 靜之不能無養 猶動之不可不察也 但見得一動一靜 互爲其根 不容間斷之意 則雖下靜字 元非死物(천리로써 살펴볼 것 같으면, 動에 靜이 없을 수 없는 것이 靜에 動이 없을 수 없는 것과 같습니다. 또 靜에서 마음을 기르지 않을 수 없는 것도 동시에 살피지 않을 수 없는 것과 같습니다. 다만, 하나의 動과 하나의 靜이 서로 근본이 되어 사이가 끊어지는 것이 용납되지 않는다는 뜻을 알았다면, 비록 '靜'字만 썼더라도 원래 죽은 물건이 아닌 것입니다.)〈『退溪全書』 권42, 記, 靜齋記〉

통관동정通貫動靜

동動과 정靜을 하나로 관통하고자 하는 수양 방법이다. 주자가 세계의 본질을 운동과 정지로 설명하는 우주론적 관점을 심성론에 도입하면서 '통관동정'이라는 용어를 만들었다. 『주자어류』에 입각해서 '통관동정'의 근거 및 당위성을 정리하면 다음과 같다. 동動은 정靜에 의해서 정靜은 동動에 의해서 존재하고, 정靜 가운데 동動이 있고 동動 가운데 정靜이 있어서 양자는 불가분성을 지닌다는 점이 그것이다. 퇴계는 '통관동정'을 심성론에 적용시키되 한결같이 독서인의 위상을 강조한다. 독서인이 우주론적인 심성으로 '통관동정'을 감당한다고 하는 데서 이 점이 확인된다.

◎ 출처

而終之曰 敬字工夫**通貫動靜** 而必以靜爲本 近世篁墩程氏論夜氣主靜之旨 而卒亦歸重於敬 其示人之意 皆可謂深且切矣 惟時甫誠能因朱子之訓 參以篁墩之書 而日新其功 則靜敬相須 本末兼擧 主靜而不偏於靜(또 끝에 말하기를 "'敬'字 공부는 **動과 靜을 관통한 것**입니다. 그러나 반드시 靜을 근본으로 삼는다."라고 했습니다. 그리고 근세에 篁墩 程敏政(정민정 : 명나라의 학자. 호는 황돈.)은 밤의 氣는 靜을 주로 한다는 뜻을 논했으나 마침내는 그 중요함을 敬에 돌렸습니다. 그러니 그들이 남에게 보인 뜻이 모두 깊고 절실하다고 할 만합니다. 생각건대, 남시보는 참으로 주자의 가르침을 따르고 황돈의 글을 참고하여 날로 공부를 새롭게 한다면 靜과 敬이 서로 본말이 되고 겸해서 靜을 주로 함을 거론하되 靜에 편중되지 않을 것입니다.) 〈『退溪全書』 권42, 記, 靜齋記〉

無事時 存養惺惺而已 到講習應接時 方思量義理 固當如此 蓋才思義理 心已動了 已不屬靜時界分故也 然此意分明 似不難知 而人鮮能眞知 故靜時不思 便認以爲窈冥寂滅 動時思量 又胡亂逐物去 都不在義

理上 所以名爲學問 而卒不得力於學也 惟主敬之功 <u>通貫動靜</u> 庶幾不差於用工爾(아무런 일이 없을 때는 마음을 자각적인 상태로 존양할 따름이고, 연구하고 사람과 접촉할 때가 되어 의리를 생각하게 될 때는 마땅히 그렇게 해야만 하는 것입니다. 왜냐하면 무릇 의리를 생각하면 마음은 이미 움직여서 안정이 되어 있는 때의 경지에 속해 있지 않기 때문입니다. 그러나 이 뜻은 분명해서 알기가 어렵지 않을 듯한데도 진실로 아는 이가 드물어서 안정한 때에 생각하지 않음을 어둡고 적멸한 것으로 여기고, 움직일 때 생각함을 어지럽게 사물을 좇아다니면서 도무지 의리에 입각해 있지 않은 것으로 생각합니다. 이 때문에 말로는 학문을 한다고 하면서도 마침내 배움에 힘쓸 수 없게 되는 것이니, 오직 <u>動과 靜을 일관하고</u> 오직 敬을 위주로 삼아 나가야만 공부하는 데 어김이 없을 것입니다.) 〈『退溪全書』 권 14, 書, 答李叔獻 別紙〉

하학상달下學上達

공자의 학문 방법이다. '구체적 사실로부터 출발하여 높디높은 진리에까지 도달한다.'는 뜻으로서, 공부 방법의 요체이다. 하학상달의 '하'는 인사人事이고 '상'은 천리라는 점에서, '인사 → 천리'가 '하학'과 '상달'의 이상적 목표라고 할 수 있다. '인사' 없이 '천리'가 없듯이, '하학' 없이 '상달'도 있을 수 없다. 퇴계는 '하학'과 '상달'의 관계를 역동적으로 파악한다. 하우下愚도 '하학'을 거쳐 '상달'의 경지에 오르면 상지上智가 된다는 〈천명도설〉의 논의는 그 좋은 단서이다. 하우가 상지의 위상으로 바뀐다고 했으니, '하학'은 '상달'로 길을 터주고 '상달'은 '하학'에게 그 자체의 문호를 개방한다고 할 수 있다.

◎ 출처

聖人上達不言悟 功在循循積久中 旣說無爲便脫誤 如何自說落禪空(성인은 상달을 말하지만 돈오는 말하지 않으니, 공효는 꾸준히 오래 쌓아가는 가운데 있습니다. 무위는 그릇된 것이라 말하고는 어찌하여 자신의 말은 선공에 떨어지는 것입니까?) 〈『退溪全書』 권14, 書, 答南時甫 別幅〉

활간活看

활간은 '전후 맥락에 의거해서 글의 뜻을 융통성 있게 파악하는 방법'을 가리킨다. 활간이 되기 위해서는 발화자의 의도나 가치관 등을 폭넓게 헤아려서 특정 자구字句의 의미를 정확하게 판단해야 한다. 이와 같은 활간은 주자朱子를 떠나 생각하기 어렵다. 『주자어류朱子語類』에서 보듯 주자가 이정자二程子 및 장자張子의 독서법을 수용하여 활간을 체계화했으니, 활간 독서법의 원조가 주자라 해도 과언이 아니다. 퇴계 활간독서법이 주자 활간독서법과 완전히 일치하느냐 하면, 그렇지는 않다. 퇴계가 이발理發, 이동理動, 이도理到의 논설論說을 통해 이理의 능동성을 강조하면서부터 주자의 정론定論을 벗어나기 시작하므로, 퇴계 활간독서법이 주자 활간독서법과 완전히 일치한다고 할 수는 없다. 겉으로는 퇴계와 주자 모두 문장의 전후 맥락을 겨냥하는 듯하나, 주자는 이치理致나 의리義理를 파악하는 데 중점을 두고 퇴계는 理의 능동성을 파악하는 데 중점을 둔다. 정황이 이러하므로 주자와 퇴계가 모두 '활간'을 언급하더라도 퇴계 쪽이 더 강렬할 수밖에 없다.

◎ 출처

心一而已 心中之心字與一心字之心 心先動之心 安有兩箇三箇心耶 且凡言心 固皆主方寸而言 然其體其用 滿腔子而彌六合 眞西山所謂 斂之方寸 太極在躬 散之萬事 其用無窮 當如此活看 不可只認一塊血肉之心爲心也(心은 하나일 따름이니 心中의 '心'字와 一心의 '心'字와 心先動의 '心'字가 어찌 두 개 세 개의 '心'이 있겠습니까? 또 대체로 '心'을 말함은 진실로 모든 方寸을 주로 해서 말한 것입니다. 그러나 그 體와 用이 가슴속[腔子]에 가득 차고 우주[六合]에 가득 차게 되니, 眞西山이 이른바 "방촌에 거두어들이면 태극이 내 몸에 있고, 만 가지 사물에 흩어놓으면 그 用이 한이 없다."는 하는 것입니다. 마땅히 이와 같이 융통성 있게 보아야 할 것이지 다만 한 덩어리 혈육의 心을 心으로 삼는 것으로 인식해서는 불가합니다.) 〈『退溪全書』 권29, 答金而精〉

氣之始無不善 乃氣生源頭處 非稟受之初也 然氣有一日之始 有一月之始 有一時之始 有一歲之始 有一元之始 然此亦槩擧而言之耳 推來推去 其變無窮 當隨處活看 不可執定爲某氣之始 苟指認一處爲定則不通 不足以語造化之妙(氣의 시초가 착하지 아니함이 없다는 것은 곧 氣가 생겨나는 출발의 근원을 말하는 것이지, 부여받는 시초를 말하는 것은 아닙니다. 그러나 그 氣는 하루의 시초도 있고 한 달의 시초도 있으며 한 철의 시초도 있고 한 해의 시초도 있으며 한 원기의 시초도 있습니다. 그러나 이것 또한 대략 예를 들어서 말할 뿐입니다. 옮겨오고 옮겨가서 그 변화가 끝이 없으니 마땅히 경우에 따라 융통성 있게 보아야 하지, 어느 氣 하나만의 시초를 고집하여 정할 수 없습니다. 만약 한 가지 氣만을 인정하여 氣의 시초로 확정한다면 통하지 않으니 그 조화의 妙를 이루 다 할 수 없습니다.)〈『退溪全書』 권24, 答鄭子中別紙〉

허심관리虛心觀理

'마음을 비우고 이치를 본다.'는 뜻이다. 즉, 마음을 비운다는 것은 '한 걸음 물러나서 생각하기'이고, 한 걸음 물러나서 생각한다는 것은 '마음으로 뜻을 맞이하기[이의역지以意逆志]'이다. 맹자孟子는 시詩를 말하면서 "마음으로 뜻을 맞이해야 얻게 된다."고 했는데, '맞이한다'는 것은 '기다림'을 말한다. 사람을 기다리다 오지 않을 때 마음을 아주 급하게 먹고 더욱 앞으로 나아가 미리 맞으려고 한다면,[급절심구急切尋求] 마음으로 뜻을 맞이하는 데 지나지 않는다. 즉, 급절심구急切尋求의 독서인은 책을 볼 때 먼저 스스로 자신의 뜻을 세운 뒤에 비로소 보는데, 옛사람의 언어를 모두 끌어들여서 자신의 의중으로 삼는 것이므로 옳지가 않다. 이렇게 보면 '허심관리虛心觀理'는 '이의역지以意逆志'와 뜻이 같다.

출처

虛心觀理 勿先執定於己見 積漸純熟 未可責效於時月 弗得弗措 直以爲終身事業 其理至於融會 敬至於專一 皆深造之餘自得之耳(텅 비운 마음으로 이치를 살피고 자기의 의견을 먼저 고집해서 정해 버리지 말아야 차츰차츰 쌓여가서 완전히 성숙하게 되는 것이니, 한 때나 한 달로서 효과를 따져서는 안 됩니다. 얻지 않고서는 그만 둘 수 없다는 자세로서 평생의 사업으로 삼아야 하는 것입니다. 연구하는 이치가 무르익어 자세히 이해할 수 있게 되고, 敬이 전일한 경지에 이르게 되는 것은 모두 학문이 깊이 나아간 뒤에라야 스스로 얻을 수 있을 따름입니다.) 〈『退溪全書』권14, 書, 答李叔獻 別紙〉

5. 南冥의 경우

불사지약不死之藥

남명이 31세가 되던 1531년인 중종 26년, 동고東皐 이준경李浚慶이 보내온 『심경』 책 뒤에 '이원길이 선물한 『심경』 끝에 씀'이라는 글을 써 넣었다. 이 글에서 남명은 『심경』을 죽지 않는 약인 불사지약不死之藥에 비유하였다. 내용에 따르면 책을 보내준 이원길을 저버리는 것은 책을 저버리는 것이며, 책을 저버리는 것은 마음을 저버리는 것이고, 마음을 저버리면 마음이 죽는 것이라는 논리를 폈다. 이 말 대로라면 이원길이 보내준 『심경』은 마음을 죽지 않게 하는 약이 된다. 일반적으로 퇴계와는 달리 남명은 『소학』 『대학』 등 성리학적 수양에 기초가 되는 실천적 덕목을 먼저 가르쳐야 한다는 주장을 편 것으로 알려져 있다 하지만 이 글에서는 실천적 덕목 못지 않게 『심경』을 불사지약不死之藥만큼 귀하게 여겼다. 이로 보면 『심경』에 대한 남명의 생각이 어떠한지를 알 수 있다.

◎ **출처**

心喪而肉行 非禽獸而何 然則非負李君 卽負是書 非負是書 卽負吾心 哀莫 大於心死 求不死之藥 惟食爲急 是書者 其惟<u>不死之藥乎</u> 必食而知其味 好而知其藥 可久可安 朝夕日用而不自已也 努力無怠希顔在是(마음은 죽고 육체만 걸어 다닌다면 금수가 아니고 무엇이겠는가? 그렇다면 내가 이군을 저버린 것이 아니라 바로 이 책을 저버린 것이며, 이 책을 저버린 것이 아니라 바로 내 마음을 저버린 것이다. 내 마음을 저버리면 마음이 죽은 것이니 슬프기로는 마음이 죽은 것보다 더 큰 것이 없다. <u>죽지 않은 약</u>을 구했으면 먹는 것이 급한 일인데, 이 책이 아마 마음을 죽지 않게 하는 약이리라. 반드시 먹어서

그 맛을 알고 좋아해서 그 즐거움을 알아야, 오래갈 수도 있고 편안할 수도 있으며, 아침저녁으로 일상생활에서 쓰기를 스스로 마지 않을 것이다. 노력하여 게으르지 않도록 하라. 안자와 같이 되는 길이 바로 여기에 있느니라) 〈『南冥集』跋, 書李君原吉所贈心經後〉

색은행괴索隱行怪

『중용』에 나오는 말로 은미하고 궁벽 된 이치를 찾고 괴이한 것을 행한다는 뜻이다. 이는 남명 당대의 독서 병폐를 지적한 말이다. 주자도 독서 병폐를 가리켜 "요즘 진정으로 독서하는 사람이 적은 것은 역시 과거와 시문時文의 폐단 때문이다. 책을 읽자마자 먼저 하나의 생각을 내세워 새롭고 눈에 띠는 것만 찾다보니, 책 본래의 뜻은 착실하게 제대로 이해하지 못한다. 새롭고 눈에 띠는 것만을 찾으면 반드시 시문의 용법을 베끼게 되고, 결국 깊이 빠져 들어서 장래에 단지 이것만을 구사하게 된다."고 했다. 책 본래의 뜻을 착실하게 이해하지는 않고, 새롭고 눈에 띠는 것만을 찾는 독서인의 자세를 병통으로 본 시각은 주자나 남명이 같다. 물론 이러한 독서인의 자세를 병통으로 본 시각은 오늘날에도 여전히 유효하다. 왜냐하면 이러한 지식은 하나를 쳐서 무너뜨리면 나머지 모든 것이 무너지기 때문이다.

◎ **출처**

世之學者 其於四書厭其尋常 讀之無異俗儒 記誦章句之習而求者 喜於聞見之書 好着枉功 此所謂索隱行怪者 不啻不知道體而已 終不能覬覦其門戶矣 朱子曰 平生精力 盡在大學 程子曰 語盟旣治 則六經

可不治而明矣 學者博文之工夫 當如是矣夫(세상의 학자들은 사서가 평범한 데 싫증을 느껴서, 장구나 기억하고 암송하는 습관으로 구해 읽는 속유들과 다를 바 없이 그 책을 읽고 있습니다. 그들은 견문을 넓히는 글이나 좋아해, 그런 데에만 공력을 기울이려고 합니다. 이것이 이른바 색은이행괴니, 이런 사람들은 도체를 알지 못할 뿐만 아니라, 끝내 문호도 엿볼 수 없을 것입니다. 주자는 말씀하기를 "내가 평생 정력을 기울일 것이 모두 『대학』에 있었다."고 하였고, 정자는 말씀하기를 "『논어』와 『맹자』를 온전히 공부하고 나면 육경은 배우지 않아도 밝아질 수 있다."고 하였습니다. 학문하는 사람들이 글을 널리 보는 공부는 이와 같이 해야 합니다.) 〈『南冥集』書, 示松坡子〉

쇄소응대灑掃應對

실천과 독서 이 둘 중 어느 것이 우선되어야 하는가에 대한 답은 분명하다. 주자는 '독서는 제2의 일이다.'라고 하여 실천적 삶이 우선되어야 한다는 것을 제자들에게 분명히 하였다. 남명 또한 주자와 같은 입장임을 여러 차례 밝혔다. 쇄소응대灑掃應對 혹은 쇄소지절灑掃之節은 남명이 실천적 삶을 강조할 때, 그리고 독서란 제2의 일이라는 것을 강조할 때 자주 사용한 용어이다. 천상의 이치를 말하기에 앞서, 고인의 경전을 읽기에 앞서 독서인은 손으로 물 뿌리고 비질하는 절도를 우선하여야 한다는 말이다. 이는 독서는 왜 하는가에 대한 남명의 답으로 여기에는 실천을 강조하는 그의 마음과 학문관, 그리고 독서관이 담겨 있다. 남명의 답은 실천을 소홀히 하고 정보 습득의 독서만을 강조하는 등 오늘날 독서인의 병통을 치유할 수 있는 약이 될 수 있다.

◎ 출처

近見學者手不知<u>洒掃之節</u> 而口談天理 計欲盜名而用以欺人 反爲人所中傷 害及他人 豈先生長老 無有以呵止之故耶 如僕則所存荒廢 罕有來見者 若先生則身到上面 固多瞻仰 十分抑規之如何 伏惟量察 不宣(요즘 공부하는 자들을 보건대, <u>손으로 물 뿌리고 비질하는 절도도</u> 모르면서 입으로는 천리를 담론하여 헛된 이름이나 훔쳐서 남들을 속이려 하고 있습니다. 그러나 도리어 남에게 상처를 입게 되고, 그 피해가 다른 사람에게까지 미치니, 아마도 선생 같은 장로께서 꾸짖어 그만두게 하지 않기 때문일 것입니다. 저와 같은 사람은 마음을 보존한 것이 황폐하여 배우러 찾아오는 사람이 드물지만, 선생 같은 분은 몸소 상등의 경지에 도달하여 우러르는 사람이 참으로 많으니, 십분 억제하고 타이르심이 어떻겠습니까? 살펴 헤아려주시기 바랍니다. 이만 줄입니다.) 〈『南冥集』書, 與退溪書〉

性與天道 孔門所罕言 和靜有說 程先生止以莫要輕說 君不察時士耶 手不知<u>洒掃之節</u> 而口談天理之理 夷考其行 則反不如無知之人 此必有人譴 無疑矣 當此時 果儼然冒居 賢者之位 以作虛僞之首耶(성과 천도는 공자 문하에서 드물게 말하던 것입니다. 화정이 이에 대해 설을 내자, 정 선생이 경박한 설을 함부로 내지 말라고 저지하였습니다. 그대는 요즘의 선비들을 살펴보지 않았습니까. <u>손으로 물 뿌리고 비질하는 절도도</u> 모르면서 입으로 천상의 이치를 말하는데, 그들의 행실을 공평히 살펴보면 도리어 무지한 사람만도 못합니다. 이 점에 대해서 반드시 다른 사람의 꾸지람이 있어야 한다는 것은 의심할 나위도 없습니다. 이런 때에 과연 현자의 지위를 외람되게 차지하고서 허위의 우두머리가 되어야 하겠습니까.) 〈『南冥集』書, 與吳御史書〉

想公資器溫良 非但一介好人 <u>洒掃應對</u> 幼稚習慣事也 已向六分路頭 於今直把大學看 傍探性理大全一二年 常常出入 大學一家 雖使之燕之楚 畢竟歸宿本家 作聖作賢 都不出此家內矣 晦菴平生得力 盡在此

書 豈欺後人耶(생각건대 공은 타고난 성품이 온화하고 선량하니, 하나의 좋은 사람일 뿐만이 아닙니다. 물 뿌리고 비질하고 응대하는 것은 어려서부터 익숙히 익힌 일입니다. 공부가 이미 육 분의 길로 향하고 있으니, 이제 『대학』을 가지고 공부를 하며 틈틈이 『성리대전』을 한두 해 탐구하십시오. 항상 『대학』 한 집에만 출입하게 되면, 연나라에 가고 초나라에 가더라도 본가로 돌아와 머물게 될 것입니다. 성인이 되고 현인이 되는 것도 모두 이 집안에서 벗어나지 않습니다. 회암이 평생 힘을 얻은 것도 모두 이 책에 있었다고 하니, 어찌 후인을 속이는 말이겠습니까?) 〈『南冥集』書, 答仁伯書〉

성독지공誠篤之功

어떤 자세로 책을 읽을 것인가 하는 문제는 독서이론의 핵심 쟁점이다. 이 물음에 대한 답으로 남명은 성독誠篤의 자세를 제시하였다. 성誠은 정성스럽다는 의미이니 온갖 힘을 다하려는 참되고 성실한 마음이며, 독篤은 독실하다는 의미이니 열성이 있고 진실한 마음이다. 옛 유학자들은 공자의 제자인 증자의 독서에 대해 '오로지 성독誠篤일 뿐'이라고 말했다. 조선 후기 학자인 조임도趙任道 또한 '취정록就正錄'에서 독서하는 사람이라면 '성독誠篤'을 마땅히 원칙과 기준으로 삼아야 한다고 했다. 남명이 성독誠篤을 통해 학문하는 자세를 말하였지만 이 용어의 역사성을 볼 때 남명이 말한 성독誠篤은 또한 독서인의 바람직한 자세이기도 하다.

◎ 출처

每窺君廉靜若水 小誠篤密察之意 老夫常 恐未易長進 請痛加誠篤之功 以其所就 分與老夫 與人爲善 君子之第一好事(매번 살펴보건대,

그대는 물처럼 청렴하고 고요하지만, 정성스럽고 독실하고 세밀하게 살피는 뜻이 적으니, 길이 진보하기가 쉽지 않을 것 같아 이 늙은이는 항상 염려스럽습니다. 청컨대 정성스럽고 독실하게 하는 공부를 통렬히 더해, 성취한 것을 이 늙은이에게 나누어주길 바랍니다. 다른 사람에게 선을 하도록 도와주는 것이 군자의 첫 번째 좋은 일입니다.) 〈『南冥集』書, 奉謝金進士肅夫〉

일신우신日新又新

일반적으로 배우는 사람에게는 두 가지 병폐가 있다. 하나는 사사로운 뜻을 주장하는 것이고 다른 하나는 선입견을 오랫동안 지니고 벗어나지 못하는 것이다. 일찍이 장횡거는 "옛 견해를 씻어 버리고 새로운 뜻을 받아들인다[濯去舊見 以來新意]"고 했다. 주자는 "이전에 들은 것을 씻어 내야 새로운 것을 본다[濯去舊聞 以來新見]"고 했다. 이들 주장이 온당한 것은 옛 견해를 씻어 버리지 못하면 새로운 뜻을 얻을 곳이 없기 때문이다. 이전에 들은 것을 씻어 내야 새로운 것을 볼 수 있다. 남명은 학문이 날로 새롭고 또 새로워야 한다는 뜻인 일신우신日新又新을 말했다. 이는 장횡거와 주자가 말한 뜻과 같다. 독서론의 관점에서 볼 때 일신우신日新又新은 구견에 집착하지 말고 날마다 그 자리에 신의新意를 받아들이라는 요청이다.

◎ **출처**

新年 合宜日新又新 而隨歲益退 寧不愧於日新者乎 示以彌邵 豈非相勉之意耶(새해에는 학문이 날로 새롭고 또 새로워야 할 텐데, 해가

갈수록 점점 퇴보하니, 어찌 '날로 새롭게 한다.'는 교훈에 부끄럽지 않겠습니까? 덕이 더욱더 높아진다고 한 그대의 말은 어찌 서로 권면하는 뜻이 아니겠습니까?) 〈『南冥集』書, 奉謝金進士肅夫〉

정여숙구精與熟俱

어떻게 읽을 것인가에 관한 답이 독서방법이다. 정독, 숙독, 정사는 어느 시대에서나, 그리고 누구나 강조한 읽기의 방법이다. 그런데 정독만 하고 숙독하지 않는 것은, 숙독만 하고 정독을 하지 않는 것은 왜 안 되는가? 남명이 보기에 두 경우 모두 도를 알기에는 미흡하다. 정독하고 숙독하는 것이 모두 함께 지극해야 골자를 꿰뚫어 볼 수 있다고 생각하기 때문이다. 또 골자를 꿰뚫어 볼 정도로 융회관통融會貫通해야 다음 단계의 책 읽기가 쉬워진다고 보기 때문이다. 가령, 『대학』을 읽어서 훤히 꿰뚫어 알게 되고 또 이를 통해 다른 글을 보기가 쉬워지기 위한 전제는 무엇보다 『대학』에 대한 철저한 이해[痛理會]인데, 이 철저한 이해의 방법이 정여숙구지精與熟俱至이다.

◎ **출처**

蓋精而未熟 則不可以知道 熟而未精 則亦不可以知道 <u>精與熟俱至</u> 然後可以透見骨子了 但大學群經之綱統 須讀大學 融會貫通 則看他書便易(대체로 정독하기만 하고 숙독하지 않으면 도를 알 수 없고, 숙독만 하고 정독하지 않으면 또한 도를 알 수 없습니다. <u>정독하고 숙독하는 것이 모두 지극해야</u> 골자를 꿰뚫어볼 수 있습니다. 다만 『대학』은 여러 경전의 강령이니, 모름지기 『대학』을 읽어서 훤히 꿰뚫어 알게 되면 다른 글을 보기가 쉬워질 것입니다.) 〈『南冥集』書, 示松坡子〉

차여천정且如穿井

독서인이 글의 뜻을 이해할 때, 단지 먼저 어려운 것을 이해하고 마지막으로 쉬운 데 이르려고 하는 것이 이해의 순서로 옳은가? 이 물음에 대해 그렇지 않다고 하는 남명의 답이 차여천정且如穿井이다. 우물을 팔 때 처음에는 혼탁하지만 다 파고 맑아진 뒤에는 은빛 물결이 또렷하게 빛나는 것과 같이 독서할 때도 마음을 느긋하게 먹으면 난해한 도리는 저절로 나타난다고 보기 때문이다. 만약 독서인이 난해한 곳을 만나 마음을 느긋하게 먹지 않고 근심하거나 조급하여 서두르게 되면 도리는 끝내 끌어낼 방법이 없게 된다. 주자도 "무른 곳을 치면 단단한 곳은 물러지고, 단단한 곳을 치면 무른 곳은 단단해진다."고 했다. 어렵고 쉬운 곳 중 쉬운 곳을 먼저 해야지 어려운 것을 먼저 하면 쉬운 것까지 어려워진다는 뜻이다. 차여천정且如穿井은 한 번에 다 얻으려 하는 것을 경계하고 절차탁마하는 자세로 독서에 임할 것을 요청하는 것에 대한 비유이다.

◎ **출처**

其中有 語錄易經難解處 吾亦不强求 盡其閑語 且如穿井 初間汚濁 掘盡澄澈 然後銀花子歷歷 請勿欲一跳盡得 累以歲月 日有所得 然後見與老夫切磋 幸甚(그 가운데 어록과 『역경』에는 난해한 곳이 있는데, 나도 억지로 그 뜻을 구하지 않고 모두 등한한 말로 보아 넘깁니다. 이 또한 우물을 팔 때처럼, 처음에는 혼탁하지만 다 파고 맑아진 뒤에는 은빛 물결이 또렷하게 빛나는 것과 같습니다. 청컨대 한 번에 다 얻으려 하지 말고, 여러 해 공력을 쌓아 날로 터득함이 있은 뒤에, 이 늙은이와 만나 절차탁마하면 매우 다행이겠습니다.) 〈『南冥集』書, 奉謝金進士肅夫〉

6. 栗谷의 경우

간일서법看一書法

분석적 읽기의 방법을 제시하고 있다. 한 권을 책을 볼 때 바삐 읽기를 금하고 글의 내용을 완전히 깨칠 때까지 천천히 읽기를 권하고 있다. 하루에 많이 읽기보다는 한두 단락밖에 안 되는 작은 분량일지라도 이를 완전히 깨달아 내 것으로 만든 후에야 비로소 다음 단락으로 나가 한 권의 책 읽기를 마치라는 것이다.

출처

且看一書 一日隨力 且看一兩段 一段已曉 方換一段 一書皆畢 方換一書(또 한 책을 보되, 하루에 힘닿는 만큼 한두 단段을 보고 한 단을 깨닫고 나서 비로소 한 단으로 바꾸고, 한 책을 다 마치고서야 다른 책으로 바꾸어야 한다.) 〈『栗谷全書』 권20, 聖學輯要, 修己上 窮理〉

거경지지居敬持志

경에 거하고 뜻을 간직하며 글을 읽어라는 말이다. 글을 읽는데 있어 경敬은 중요한 마음자세다. 경이 되어야 마음이 곧게 되고 안정이 된다. 마음이 안정되고 곧은 상태에서 글을 읽어야 뜻을 간직할 수 있고 그렇게 될 때 비로소 나의 글이 될 수 있다. 그런 까닭에 거경지지居敬持志는 글을 읽는 근본이 된다.

◎ 출처

誠能嚴恭寅畏 常存此心 使其終日儼然 不爲物欲之所侵亂 則以之讀書 以之觀理 將無所往而不通 以之應事 以之接物 將無所處而不當矣 此居敬持志所以爲讀書之本也("진실로 능히 공경하고 조심해서 항상 이 마음을 보존하며, 종일토록 엄숙한 태도로 물욕에 빠지는 바가 되지 아니한다면, 곧 이것으로 독서도 하고 이것으로 이치도 관찰하여, 어딜 가든 통하지 않는 곳이 없을 것이고, 이것으로 사물에 응접하면 어떤 일이건 마땅하지 않은 것이 없을 것이다. 이것이 공경함에 거하고 뜻을 간직하는 것이 글을 읽는 데에 근본이 되는 까닭이다." 하였다.) 〈『栗谷全書』 권20, 擊蒙要訣, 修己上 收斂〉

격치위선格致爲先

학문은 사물의 이치를 밝히는 것을 먼저 해야 하고, 이치를 밝히는 데는 독서만한 것이 없다. 따라서 학문을 하는 데 있어 격물치지가 우선되어야 한다는 것은 독서에 있어 격물치지가 우선임을 말하는 것이다. 율곡은 『성학집요』에서 "오직 오늘 일물을 격하고, 내일 또 일물을 격하여 익힌 것이 많이 쌓인 뒤에야 탁 트여 관통貫通하는 곳이 있을 것이다."라고 하였다. 독서는 만물을 격할 수 있는 지름길이다. 만물을 격하기 위해 일물을 깨닫고 다시 또 일물을 깨달아 익혀 쌓인 뒤에라야 활연관통해지는 것이다. 따라서 독서는 격물에 우선할 수 있는 가장 좋은 방편이 되는 것이다.

◎ 출처

周程張朱奮乎絶學之後 獨得讀書之效 用何功而致然耶 程朱以後 書籍益多 言學必以**格致爲先** 言治必以王道爲尙 此理益明 讀書者議論高出管葛之上 宜乎人材輩出 世道日昇 ~ 諸生傷今思古 必有感慨之志 何以則士得讀書之效 以成爲己之學歟 其無隱所蘊(주자·정자·장자·주자가 학문이 끊어진 뒤에 분연히 일어나 홀로 독서의 효험을 얻은 것은 어떠한 공부를 해서 그렇게 극치의 상태가 되었는가. 정·주 이후로 서적이 더 많아져서 **학문을 말하는데는 반드시 격물치지로써 먼저**하고 정치를 말하는데는 반드시 왕도로써 숭상하여 이 이치가 더욱 밝아졌으며, 독서하는 사람은 의론이 관·갈(관중·제갈량)보다 높이 뛰어났으니, 인재가 배출되고 세도가 날로 상승되어야 할 것이다. ~ 제생은 지금 애상하고 예를 사모하여 반드시 감개하는 뜻을 가질 것이니, 어떻게 하여야 선비가 독서하는 공효를 얻어 위기지학을 성취할 수 있을까. 그 온축해 놓은 것을 숨기지 말 것이다.) 〈『栗谷全書』 권14, 雜著, 策問〉

경대방책敬對方冊

독서를 하기에 앞서 우선 되어야 할 것이 마음의 준비 자세이다. 독서는 고인과의 만남이 이루지는 시간이다. 들뜬 마음을 가라앉히고 고요한 가운데 마음을 하나로 모아야 한다. 그런 까닭에 선비는 책을 대하는 데 있어 고인을 대하듯 항상 공경스런 마음을 견지하고 있다. 방만한 마음을 거두고 공경스런 마음 자세를 갖추어졌을 때 독자는 글 속의 진정한 뜻을 구할 수 있고 깊이 이해해 그 의미를 알게 된다. 거경지지居敬持志와 마찬가지로 경대방책敬對方冊은 글을 읽는 근본이 되는 것이다.

◎ 출처

凡讀書者 必端拱危坐 **敬對方册** 專心致志 精思涵泳 涵泳者 熟讀深思之謂 深解義趣 而每句必求踐履之方 若口讀而心不體身不行 則書自書我自我 何益之有(무릇 독서를 하는 자는 반드시 단정하게 팔짱을 끼고 바르게 앉아 공경스럽게 책을 대하되, 마음을 다하고 뜻을 극진히 하고 자세히 생각하고 깊이 이해해 깊은 의미를 알되, 구절마다 반드시 그 실천할 방법을 구해야 한다. 만일 입으로만 읽지, 마음으로 체득하지 못하고 몸으로 행하지도 못한다면, 글은 저대로 글일 뿐이요, 나는 나대로 일 뿐이니 무슨 이익이 있겠는가.) 〈『栗谷全書』 권27, 擊蒙要訣, 4장 讀書〉

경이직내敬以直內

주자는 경敬을 두고 마음을 한 군데 집중하여 흐트러짐이 없는 것을 이른다[주일무적主一無適]고 했다. 경이직내敬以直內는 마음을 한 군데로 집중하여 잡념을 제거하여 마음을 곧게 하는 것이다. 경으로써 내 마음을 곧게 하면 마음은 항상 바르게 안정된다. 이에 따른 독서는 천리를 밝혀 드러낼 수 있다. 따라서 독서의 시작은 내 마음을 곧게 하는 데서 출발한다. 내 마음이 곧고 흐트러짐이 없을 때 글 속의 진의를 들여다 볼 수 있게 된다.

◎ 출처

有事則以理應事 讀書則以誠窮理 除二者外 靜坐收斂此心 使寂寂無紛起之念 惺惺無昏昧之失可也 所謂敬以直內者如此(어떤 일이 생기면 이치에 맞게 처리해야 하고, 글을 읽을 적에는 정성을 다해 이치를 따져야 한다. 이 두 가지 외에도 정좌하여 마음을 가다듬어 고요한 가운데 복잡하게 일어나는 생각이 없이 항상 깨어 있어 멍청해지는 일이 없어야 할 것이다. 이른바 "경으로 마음을 곧게 하라."는 말이 이와 같은 뜻이다.) 〈『栗谷全書』 권27, 擊蒙要訣, 3장 持身〉

고공위좌高拱危坐(단공위좌端拱危坐)

책을 대하는 마음의 발현이 고공위좌高拱危坐로 나타나고 있다. 고공高拱은 단공端拱과 같은 말로 단정하게 두 손을 모아 무릎 위에 가지런히 얹어 놓은 모양새이다. 위좌危坐는 정좌正坐로 몸을 바르게 하고 앉은 모양새다. 고공위좌는 책을 대함에 있어 손을 가지런히 모아 바르게 앉는 것으로 마음을 차분하게 가라앉히는 것과 같다. 행동은 마음에서 나온다. 따라서 고공위좌는 읽기에 앞서 바르게 앉아 공손한 자세로 고인과의 만남을 준비하는 독자의 자세이다.

출처

正襟端視 高拱危坐 專精讀書 實下工夫 心心念念 不容少怠 則此謂立志(옷깃을 여미며 매무새를 단정하게 하고 두 손을 모우고 꼿꼿하게 앉아서 독서에 전념하여 참된 공부를 해서 마음과 생각이 조금도 나태하지 않는다면 이를 입지라고 하는 것이다.) 〈『栗谷全書』, 拾遺4, 雜著, 示尹甥聃〉

讀書時 必端拱危坐 專心致志 務窮義趣 毋得相顧談話(독서할 때는 반드시 단정히 꿇어앉아 전심치지하여 그 의취를 궁구하기에 힘쓰고 서로 돌아보며 이야기를 해서는 안 된다.) 〈『栗谷全書』 권15, 雜著, 文憲書院學規〉

凡讀書者 必端拱危坐 敬對方册 專心致志 精思涵泳 涵泳者 熟讀深思之謂 深解義趣 而每句必求踐履之方 若口讀而心不體身不行 則書自書我自我 何益之有(무릇 독서를 하는 자는 반드시 단정하게 팔짱을 끼고 바르게 앉아 공경스럽게 책을 대하되, 마음을 다하고 뜻을 극진히 하고 자세히 생각하고 깊이 이해해 깊은 의미를 알되, 구절마다 반드시 그 실천할 방법을 구해야 한다. 만일 입으로만 읽지, 마음으로 체득하지 못하고 몸으로 행하지도 못한다면, 글은 저대로 글일 뿐이요, 나는 나일 뿐이니 무슨 이익이 있겠는가.) 〈『栗谷全書』 권27, 擊蒙要訣, 4장 讀書〉

관천융회貫穿融會

관천貫穿은 꿰뚫는 것을 말하고, 융회融會는 자세히 이해함을 말하는 것이다. 독서는 글 속에 담긴 의미가 무엇인지를 제대로 이해하는 데서 시작하는 것이다. 특히 그것이 경전이라면 경전에 담긴 성현의 가르침을 이해한다는 것은 한두 번의 독서로 깨달을 수 없는 일이다. 성현의 말씀처럼 도를 뚫고 뚫어야 한다. 그래야 비로소 진의를 깨쳐 융회로 나가게 되는 것이다. 율곡은 선조에게 군도君道를 깨치기 위해 『대학』, 『논어』, 『중용』 이 세 책 읽기를 강조했다. 이 세 책에는 수기치인修己治人의 도가 온전히 함유되어 있기에 때문이다. 군주는 자신을 수양하여 온전한 도를 깨쳤을 때 비로소 그 덕이 남에게 미칠 수 있는 것이다. 그런 까닭에 수기치인의 바탕이 되는 세 책에 대해 성현의 가르침을 뚫고 뚫어서 그 진의를 깨친 후, 이를 자신의 것으로 이해해야 함을 말한 것이다.

◎ 출처

臣不知殿下至今尙置左右 而省覽不倦歟 大學, 論語, 孟子斯三書者 修己治人之道 罔不備載 讀此三書而不知道 所謂雖多亦奚以爲 今殿下於此三書 旣已**貫穿融會**矣 何不體之身心 眞踐其域 使生民得蒙至治之澤乎(전하께서는 지금도 이것[敬,正心]을 좌우에 두시고 살피기를 게을리하지 않으신지 모르겠습니다. 『대학』, 『논어』, 『중용』 이 세 가지 책에는 자기 스스로 닦고 남을 다스리는 도가 모두 실려 있지 않은 것이 없습니다. 이 세 가지 책을 읽고도 도를 알지 못한다면 이른바 "비록 많이 안다고 하더라도 무슨 소용이 있겠는가?"하는 경우가 됩니다. 지금 전하께서는 이 세 가지 책에 대하여 이미 **꿰뚫어 두루 이해**하고 계십니다. 어찌하여 몸과 마음으로 그것을 체득하여 그 경지를 진실로 실천함으로써 백성들로 하여금 지극한 다스림의 혜택을 받도록 하시지 않습니까.) 〈『栗谷全書』 권4, 疏箚, 代白參贊仁傑論時事疏〉

관통무의貫通無疑

학문의 요체를 『중용』에서 박학博學, 심문審問, 신사愼思, 명변明辨, 독행篤行으로 정의했다. 널리 배우고, 자세히 묻고, 신중하게 생각하고 명료하게 분별하고 행실을 도탑게 하라는 말이다. 독서는 박학에서 출발한다. 박학은 널리 배우는 것이기 때문에 깊이는 미진하다. 특히 경전의 의미를 박학을 위한 독서로는 감당하기 어렵다. 읽고 읽어 글 속에 담긴 의미를 관통해서 의심이 없어야 비로소 읽었다고 할 수 있다. 그런 연후에야 다음으로 넘어가야 한다. 깨달음이 없이 많이 읽기만을 욕심내어 이것저것 바삐 보아 넘겨서는 안 된다. 독서는 그렇게 해야 한다.

출처

凡讀書 必熟讀一冊 盡曉義趣 <u>貫通無疑</u> 然後乃改讀他書 不可貪多務得 忙迫涉獵也(독서를 할 때에는 반드시 책 한 권을 숙독(熟讀)하여서 의미를 모두 알아 <u>의심이 없이 훤히 알게</u> 된 후에 다른 책으로 바꿔 읽어야 하니, 많이 읽으려고 욕심내고 무언가 얻어 내는 데만 힘써 이것저것 바삐 보아 넘겨서는 안 된다.) 〈『栗谷全書』 권27, 擊蒙要訣, 4장 讀書〉

구변시비求辨是非

독서의 최종 목적은 실천에 있다. 실천은 옳고 그름을 판단하는 능력에서 나온다. 시비의 판단 능력은 배움에서 시작된다. 독서는 배움의 출발점이다. 따라서 독서를 하는데 시비의 분변이 없다면 책은 단지 책에 불과할 뿐 쓸모가 없게 된다. 독서를 통한 시비의 분변은 일을 행하는 데 있어 지남철이 될 수 있다. 시비의 구변 없이 독서를 한다면 이는 눈으로 글자를 읽는 것 이상의 의미가 없어지게 된다. 시비의 분변이 갖추었을 때 일은 합당한 도리에 따라 처리할 수 있게 된다.

출처

曉起 思朝之所爲之事 食後 思晝之所爲之事 就寢時 思明日所爲之事 無事則放下 有事則必思 得處置合宜之道 然後讀書 讀書者 求辨是非 施之行事也 若不省事 兀然讀書 則爲無用之學(새벽에 일어나서는 아침에 할 일을 생각하고, 조반 후에는 낮에 할 일을 생각하고, 취침할 때는 내일에 할 일을 생각해야 한다. 일이 없으면 풀어놓고, 일이 있으면 생각하여 일의 조치할 때 의리에 맞는 도리를 얻어야 하니, 그렇게 한 뒤에 글을 읽어야 한다. 독서는 시비의 분변을 구해서 일을 행하는데 이것을 베푸는 것이니, 만약 일을 살펴보지 않고 우뚝히 앉아 독서만 한다면 쓸모없는 학문이 된다.) 〈『栗谷全書』 권14 잡저, 自警文〉

극치존양克治存養

극치克治는 인심人心을 위해 말한 것이고, 존양存養은 도심道心을 위해 말한 것이다. 인심은 순선純善이 아닌 선악이 공존하고 있다. 그런 까닭에 본래의 본성으로 되돌리기 위해 항상 마음을 다스려야 한다. 독서는 이런 인심을 다스리기 위해 필요한 것이다. 극치는 존양 즉 존심양성存心養性과 맞닿아 있다. 삿된 인심을 원래의 본심으로 회복시키고 본성을 기르는 존심양성은 사단의 회복이며 확장인 것이다. 경서를 읽는다는 것은 인간 본성의 회복을 위한 성현의 말씀을 듣고 실천하는 것이 된다. 독서를 통해서만 인심을 다스리고 도심을 보존하고 기를 수 있게 된다.

◎ 출처

自惟精惟一以下 方說做功夫底 亦猶西銘後一段下棋子處一般 其以遏人欲存天理 爲相對功夫 其來尙矣 眞西山亦云 克治存養 交致其功('유정유일' 이하로부터 바야흐로 공부하는 것을 말하는 것인데, 또한 '서명'의 뒤 일단의 바둑을 놓는 곳과 같습니다. 그 '알인욕遏人欲'과 '존천리存天理'를 상대적인 공부로 한 것은 그 유래가 오래됩니다. 진서산도 말하기를 "극치존양克治存養[능히 존심양성을 기른다]"은 서로 그 공부를 극진케 한다고 했습니다.)〈『栗谷全書』 권9 書, 上退溪先生問目〉

독서격치讀書格致

율곡은 학문을 함에 있어 사물의 이치를 밝히는 것보다 먼저 할 것이 없고 이치를 밝히는 데 있어 독서보다 절실한 것이 없다고 하여 독서에 있어 격치의 중요성을 강조했다. 독서를 통한 격치는 실천을 위한 전단계로 볼 수 있다. 격치로써 선善을 밝힐 수 있는 것은 선을 실천할 수 있는 근거를 마련했다는 점에서 독서를 통한 격치는 중요한 우선순이 된다. 그러나 문제는 실천의 중요성이다. 비록 격치를 통해 당위성을 제시했다 하더라도 이를 실천에 옮기지 않으면 공허한 메아리에 불과한 것이다. 독서에 의한 격치를 실천으로 옮겨 행도行道할 것을 강조한 것이다.

◎ 출처

程子曰 周公沒而百世無善治 信哉 客曰 自漢以後 非無讀書之人也 所謂道學者 何學耶 主人曰 陋哉 子言 夫道學者 格致以明乎善 誠正以修其身 蘊諸躬則爲天德 施之政則爲王道 彼讀書者 格致中一事耳 讀書而無實踐有 何異於鸚鵡之能言耶 如梁元帝讀書萬卷 竟爲魏俘 此亦可謂道學乎(정자程子의 말에, '주공周公이 죽은 뒤에는 백세百世 동안 선치善治가 없었다.' 하였으니, 과연 사실이다."하니, 손님이 또, "한대漢代 이후에도 독서하는 사람이 없지 않았을 텐데 이른바 도학이란 어떤 학문인가?"하니, 주인이, "고루하다. 그대의 말이. 도학이란 것은 격치格致로써 선善을 밝히고, 성정誠正으로써 몸을 닦아 그 학문이 몸에 쌓이면 천덕天德이 되고 그것을 정사政事에 베풀면 왕도가 되는 것이다. 독서는 격치 중의 한 가지에 지나지 않는다. 독서만 하고 실천이 없으면 앵무새가 말 잘하는 것과 무엇이 다를 것인가. 양梁나라 원제元帝 같은 이는 만 권의 책을 읽었지만 결국 위魏나라의 포로捕虜가 되었으니 이것도 도학이라고 할 수 있겠는가."하였다.) 〈『栗谷全書』 권15, 雜著, 東湖問答, 論君臣相得之難〉

독서궁리讀書窮理 · 독서구리讀書求理

궁리窮理는 인간과 사물의 이치를 알아내어 욕구를 다스리는 외적 성찰을 의미한다. 궁리는 거경과 분리될 수 없는 것이다. 궁리는 거경을 전제로 하고 있다. 따라서 '독서궁리'는 거경을 바탕으로 궁리에 나가는 것이다. 즉 생각이나 헤아림을 중단한 상태에서 마음을 고요하게 간직하여 악한 마음으로 변질되는 요인을 제거하는 거경居敬이 필요하다. 그런 바탕 위에 사물의 본질을 인식하고 이를 미루어 자신의 본질인 착한 마음을 인식하는 궁리窮理로 나가야 한다. 따라서 독서를 통한 궁리는 사물의 이치를 궁구하여 인간의 본성을 회복하기 위한 방법인 되는 것이다.

◯ 출처

讀書則以誠窮理 除二者外 靜坐收斂此心 使寂寂無紛起之念 惺惺無昏昧之失可也 所謂敬以直內者如此(글을 읽을 적에는 정성을 다해 이치를 따져야 한다. 이 두 가지 외에도 정좌하여 마음을 가다듬어 고요한 가운데 복잡하게 일어나는 생각이 없이 항상 깨어 있어 멍청해지는 일이 없어야 할 것이다. 이른바 "경으로 마음을 곧게 하라."는 말이 이와 같은 뜻이다.) 〈『栗谷全書』 권27, 擊蒙要訣, 3장 持身〉

學問非謂兀然端坐 終日讀書也 只是日用間處事 一一合理之謂也 惟其合理與否 不能自知 故讀書以求其理 若只以讀書爲學問 而日用處事 不求當理 則豈所謂學問者哉(학문은 꼿꼿하게 단정히 앉아서 종일 글만 읽는 것을 말하는 게 아닙니다. 다만 날마다 하는 일이 하나하나 이치에 맞아 가는 것을 말하는 것입니다. 오직 그것이 이치에 맞는지 맞지 않는지를 스스로 알 수 없기 때문에 글을 읽어서 그 이치를 찾아보는 것입니다. 만약 단지 글 읽는 것만 가지고 학문이라 하고, 날마다 하는 일이 이치에 합당한가를 찾아보지 않으신다면 어찌 학문이라 하겠습니까.) 〈『栗谷全書』 권35, 附錄 3, 行狀〉

所謂學問者 只是日用處事 一一合理之謂也 惟其不能知理之所在 故讀書以求之而已 若徒讀書 而日用云爲 與之背馳 則豈學問之謂哉(이른바 학문이란, 다만 날마다 하는 일이 낱낱이 이치에 맞음을 두고 말하는 것입니다. 다만 그 이치의 소재를 알지 못하기 때문에 글을 읽어 그 이치를 구할 뿐입니다. 만약 독서만 하고 날마다 말하고 해 나가는 일이 이치에 배치된다면 어찌 학문이라 하겠습니까.) 〈『栗谷全書』 권36, 附錄 4, 墓誌銘〉

독서명의리讀書明義理

율곡은 학생수양의 지침서인 「학교모범」을 저술하였다. 16개 조목으로 조선시대 청소년 교육을 쇄신하기 위한 목적으로 만들었다. 율곡은 세 번째 조목인 〈독서〉에서 강학과 함께 독서는 의리를 밝히는 데 그 주된 목적이 있음을 말하고 있다. 독서는 인간의 도리인 오륜을 밝히고 성리학에서 추구하는 도의道義를 규명하는 데 필수적인 요건이 된다. 독서를 통해 의리가 제대로 밝혀져야 학문의 방향이 흐트러짐이 없게 된다.

출처

三曰讀書 謂學者旣以儒行檢身 則必須讀書講學 以明義理 然後進學功程 不迷所向矣 從師受業 學必博 問必審 思必愼 辨必明 沈潛涵泳 必期心得(셋째는 글 읽기이니, 배우는 자가 이미 선비의 행실로 몸가짐을 단속하고 나서는 반드시 독서와 강학講學으로 의리를 밝혀야 하니 그런 뒤에 학문에 나아가야 학문의 방향이 흐리지 않는 것이다. 스승에게 배우되 배움은 넓어야 하고 질문은 자세하게 해야 하며 생각은 신중하게 해야 하고 분별은 명확해야 한다. 그리하여 깊이 생각하여 반드시 마음으로 터득하기를 기약할 것이다.) 〈『栗谷全書』 권15, 잡저, 學校模範〉

독서병폐讀書病廢

■ 망박섭렵忙迫涉獵

망박섭렵忙迫涉獵은 글 속 의미에 대한 절실한 물음이 없이 많이 읽고 무언가를 얻으려는 욕심에서 기인한 독서의 병폐이다. 경서를 읽는다는 것은 성현의 갈무리된 사상적 근원을 파헤치는 것이다. 한 번 보고 넘어갈 수 있는 잡서와는 독서의 출발에서부터 다르다. 그런 까닭에 읽고 읽어서 자신의 것으로 만들기 위해서는 상당한 시간과 노력이 요구된다. 독서량에 욕심을 내어서는 안 된다. 서두름이 능사가 아니다. 글 속에 무젖어 그 의미를 의심없이 훤히 알아야 제대로 된 글읽기라 할 수 있다. 알묘조장揠苗助長이란 말이 있다. 맹자 공손추에 나오는 말로, 송의 농부가 자기 논의 벼가 이웃 논의 벼보다 덜 자란 것 같아서 이웃 논의 벼보다 더 높게 벼의 순을 뽑아 올려 벼를 말라 죽게 한 내용이다. 어리석은 농부가 조급증이 발동하여 벼농사를 망친 것이나, 의미도 이해하지 않고 많이 읽기만을 욕심을 부리는 독서자의 방법이나 서로 다를 바가 없다.

출처

讀書未能有疑 此初學之通患 蓋緣平日貪多務得 不暇仔細慣得 <u>忙迫涉獵</u>(글을 읽어도 의심이 없는 것은 처음 배우는 이의 공통된 병통이다. 이는 평소에 많이 얻는 데만 힘쓰고 자세하게 연구하지 않고 <u>바삐 읽어 넘긴 데서</u> 비롯된다.) 〈『栗谷全書』 권20, 聖學輯要, 立志〉

凡讀書 必熟讀一册 盡曉義趣 貫通無疑 然後乃改讀他書 不可貪多務得 <u>忙迫涉獵</u>也(독서를 할 때에는 반드시 책 한 권을 숙독熟讀하여서 의미를 모두 알아 의심이 없이 훤히 알게 된 후에 다른 책으로 바꿔 읽어야 하니, 많이 읽으려고 욕심내고 무언가 얻어 내는 데만 힘써 이것저것 <u>바삐 보아 넘겨서는</u> 안 된다.) 〈『栗谷全書』 권27, 擊蒙要訣, 4장 讀書〉

■ 망의고원妄意高遠

책에는 인간의 도리와 사물의 이치가 갖추어져 있다. 독서를 통해서만 막힌 식견을 뚫어 인간이 행할 마땅한 도리를 할 수 있게 된다. 그런데 지금의 독서자는 마치 앞의 산이 너무 높고 험해 다다를 수 없는 것으로 치부하듯 책읽기를 남의 몫으로 돌리고 있다. 높고 멀리있는 것은 자신이 행하지 않았을 때 그렇게 느껴지는 것일 뿐이다. 쉽고 편한 것만을 찾으려는 당대인들에 대한 질타이다. 책을 읽는다는 것은 지금을 살아가는데 있어 그 합당한 이치를 깨닫고 올바른 삶을 실천하는 데 있다. 항상 책을 옆에 두고 읽을 때 자신이 가야할 길이 보이게 된다. 높고 멀어 행하기 어려운 남의 이야기가 결코 아닌 것이다. 주자는 〈독서법〉에서 "차라리 낮은 수준의 것을 구할지언정 고매한 것을 구하지 말고, 차라리 미숙하게 할지언정 기교를 부리지 말고, 차라리 가까운 데서 찾을 지언정 먼데서 구하지 말라.(寧下毋高, 寧拙毋巧, 寧近毋遠)"고 했다.

◎ **출처**

但不學之人 心地茅塞 識見茫昧 故必須讀書窮理 以明當行之路 然後造詣得正 而踐履得中矣 今人不知學問在於日用 而<u>妄意高遠</u>難行 故推與別人 自安暴棄 豈不可哀也哉(학문하지 않은 사람은 마음이 꽉 막혀 있고 식견이 좁기 때문에 모름지기 글을 읽고 그 이치를 연구하여 행해야 할 길을 밝힌 뒤에야 학문에 나아가는 것이 올바름을 얻고 실천함이 합당함을 얻을 수 있게 될 것이다. 요즘 사람들은 학문이 일상생활에 있는 줄은 모르고 <u>망녕되게 높고 멀어 행하기 어려운 것이라 생각한다</u>. 그리하여 특별한 사람에게 미루고 자기는 자포자기하니, 얼마나 가엾은 일인가.) 〈『栗谷全書』 권27, 擊蒙要訣 序〉

■ 입이출구入耳出口

'입이출구入耳出口'의 독서법은 소인들의 구이지학口耳之學과 같은 것이다. 입이출구는 귀로 들어가 곧바로 입으로 나오는 것이다. 이는 구이지학과 마찬가지로 생활의 도구를 위한 방편에 머물고 마는 소인들의 독서이자 배움이다. 『순자荀子』 〈권학편勸學篇〉 을 보면 "(구이지학은) 소인의 학문이다. 귀로 들은 것이 입으로 나온다. 입과 귀 사이는 네 치일 뿐. 어찌 일곱 자의 몸에도 채우지 못하는가(小人之學也 入乎耳出乎口 口耳之間則四寸耳 曷足以美七尺軀哉)."라고 하여 구이지학에 대해 말하고 있다. 군자의 학문은 귀로 들으면 이를 마음에 온축하여 인격을 수양하고 실천에 옮기는 데 있다. 이에 반해 소인의 학문은 귀로 들어가면 곧바로 입으로 나와 자신의 수양을 위한 양식으로 남겨두지 않는다. 단지 귀와 입 사이 네 치에 머물고 말 뿐이다. 입이출구 독서법을 들어 당시 선비들의 독서가 소인들이 지향하는 구이지학으로 나가고 있음을 질타하고 있다.

◎ **출처**

竊思自有經傳以來 士子孰不讀書 然而眞儒罕作 人君孰不讀書 然而善治鮮興 其故何哉 讀書 只爲<u>入耳出口</u>之資 不能爲有用之具故也(가만히 생각건대, 경전이 있고부터 선비로서 글을 읽지 않은 자가 누가 있겠습니까마는, 참 유학자는 드물게 나왔고, 임금으로서 글을 읽지 않은 이가 누가 있겠습니까마는 잘 다스린 자가 드물게 일어났으니, 그 무슨 까닭입니까. 독서한 것이 단지 <u>귀로 들어가고 입으로 나오는</u> 자료가 되었을 뿐이요, 유용한 도구가 되지 못했기 때문입니다.) 〈『栗谷全書』 권20, 聖學輯要, 立志〉

■ 지구문의只求文義

독서의 목적은 궁리를 통해 자신을 수양하여 덕의 완성에 이르는 데 있다. 독서를 통해 자기완성을 실현해 나가는 것이다. 달리 말하면 위기지학爲己之學인 것이다. 그런 까닭에 글 뜻만을 구할 뿐 이를 자신에게 돌리지 않는다면 이는 진정한 독서가 될 수 없다. 글의 뜻만을 구하는 지구문의只求文義에 그친 독서는 도道를 추구하는 군자의 모습이 아니라 이록利祿만을 추구하는 소인의 모습이다. 마치 독서의 목적이 과거를 통한 입신영달의 추구에 있는 것과 같다. 독서의 본질이 무엇인지를 되묻고 있다.

◎ **출처**

夫讀書而只求文義　不反之身者　乃科業之士所以求名求祿者也(책을 읽으면서 글 뜻만을 구하고 자신에게 반성하지 않는다면 그것은, 바로 과거科擧를 보려는 선비가 이름이나 구하고 녹이나 구하는 방법인 것입니다.) 〈『栗谷全書』 권4, 疏箚, 應旨論事疏〉

■ 탐다무득貪多務得 · 탐다무광貪多務廣 · 무무범람毋務汎覽

많은 분량의 글을 탐내 속성하려는 의도를 가진 독서자에 대한 질책이다. 독서의 병폐로 자주 언급되는 망박섭렵忙迫涉獵이나 알묘조장揠苗助長이 이에 해당된다. 억지로 싹을 뽑아 올려 빨리 자라도록 하는 것은 오히려 싹을 죽이는 결과이다. 독서도 마찬가지다. 한 권의 책을 익숙히 읽어 내 것이 되었을 때 다른 책으로 넘어가야 한다. 그렇지 않으면 괜히 마음만 바빠지고 배운 것을 음미하는 즐거움을 상실하게 된다. 얼뜨기 독서에 대한 경계로, 배웠으되 생각이 없으면 아무 것도 없는 것(學而不思則亡)과 같은 결과이다. 공자의 '서두르면 도달하지 못한다(欲速則不達).'라고 한 것이나, 맹자의 '나아감이 빠르면 물러나는 것도 빠르다(進銳者退速).'라고 한 깨우침을 거울로 삼아 반성해야 한다.

◎출처

凡讀書 必熟讀一册 盡曉義趣 貫通無疑 然後乃改讀他書 不可**貪多務得** 忙迫涉獵也(독서를 할 때에는 반드시 책 한 권을 숙독熟讀하여서 의미를 모두 알아 의심이 없이 훤히 알게 된 후에 다른 책으로 바꿔 읽어야 하니, **많이 읽으려고 욕심내고 무언가 얻어 내는 데만 힘써** 이것저것 바삐 보아 넘겨서는 안 된다.) 〈『栗谷全書』 권27, 擊蒙要訣, 4장 讀書〉

讀書 其不好之者 固怠忽間斷而無所成矣 其好之者 又不免乎**貪多而務廣** 往往未啓其端 而遽已欲探其終 未究乎此 而忽已志在乎彼(글을 읽되 좋아하지 않는 이는 게을러지고 소홀해지며, 지속성이 없어 성공하지 못할 것이며, 글 읽기를 좋아하는 이는 **많은 것을 탐貪하고 널리 읽으려고 힘써서**, 종종 그 실마리도 잡지 못한 상태에서 갑자기 그 끝을 찾으려 하고, 이것을 궁구하지도 못한 채 문득 다른 데에 뜻을 둔다.) 〈『栗谷全書』 권20, 聖學輯要〉

每讀書時 必肅容危坐 專心致志 一書已熟 方讀一書 **毋務汎覽** 毋事彊記(언제나 글을 읽을 때는 반드시 태도를 정숙하게 하고 단정히 앉아서 마음과 생각을 한곳으로 모아 한 가지 글에 익숙해진 다음에 비로소 다른 글을 읽어야 하고 **많이 보기에 힘쓰지 말아야 하고** 기억하는 것만 일삼지 말아야 한다.) 〈『栗谷全書』 권15, 잡저, 學校模範〉

■ 태홀한단怠忽間斷

태홀간단怠忽間斷은 글읽기를 좋아하지 않는 자에 대한 병폐를 말한 것이다. 책 읽기를 좋아하는 사람의 독서병폐가 너무 많을 것을 탐하여 글 속의 의미를 제대로 궁구하지 않은 채 다음 책으로 손이 가서 글 읽기의 참맛을 모르는 것이다. 이에 반해 책 읽기를 좋아하지 않는 사람의 독서병폐는 책 읽기에 마음이 가지 않은 까닭에 게을러지고 소홀해지며 지속적인 글읽기가 어렵다는 것이다. 수불석권手不釋卷이란 말이 있다. 손에서 책을 놓지 않는다는 뜻으로, 항상 손에 책을 들고 글을 읽으면서 부지런히 공부하는 것을 일컫는 말이다. 독서는 서둘러서도 그렇다고 게을러서도 안 된다. 항상 책을 옆에 두고 지속적으로 글 뜻을 음미하고 내 것으로 만들어야 한다.

◎ 출처

讀書 其不好之者 固**怠忽間斷**而無所成矣 其好之者 又不免乎貪多而務廣 往往未啓其端 而遽已欲探其終 未究乎此 而忽已志在乎彼 是以雖復終日勤勞 不得休息 而意緖悤悤 常若有所奔趨迫逐 而無從容涵泳之樂 安能深信自得 常久不厭 以異於彼之**怠忽間斷**者哉 孔子所謂欲速則不達. 孟子所謂進銳者退速 誠能鑑此而有以反之(글을 읽되 좋아하지 않는 이는 <u>게을러지고 소홀해지며, 지속성이 없어</u> 성공하지 못할 것이며, 글 읽기를 좋아하는 이는 많은 것을 탐貪하고 널리 읽으려고 힘써서, 종종 그 실마리도 잡지 못한 상태에서 갑자기 그 끝을 찾으려 하고, 이것을 궁구하지도 못한 채 문득 다른 데에 뜻을 둔다. 그러므로 비록 종일토록 쉬지도 못하고 수고롭히고도 마음이 바빠 항상 분주하게 좇기는 것과 같아서 고요히 배운 것을 음미하는 즐거움이 없으니, 어찌 스스로 얻는 것을 깊이 믿어서 오래도록 질리지 않아 <u>게으르고 소홀하여 지속성이 없는</u> 이들과 다를 것이 있겠는가. 공자께서 이른바, '서두르면 도달하지 못한다.' 한 것이나, 맹자께서 이른바, '나아감이 빠르면 물러나는 것도 빠르다.' 한 것이 진실로 이것을 말한 것이다. 진실로 이것을 거울로 삼아 반성해야 한다.) 〈『栗谷全書』 권20, 聖學輯要〉

독서실용讀書實用

독서의 출발이 궁리에서 시작되지만 그 종착은 실천에 있다. 율곡은 당시의 독서인들을 지식과 행위의 분열로 보고 있다. 성인의 글을 읽어 쌓은 지식은 당연히 행위로 드러나야 한다. 자신과 글이 따로 분리되어서는 안 된다. 성현의 말씀을 통한 앎의 확장은 행을 통해 도덕적 규범에 합치되어야 한다. 지知와 행行의 불일치가 만연하는 당시의 독서인들에 대한 율곡의 일침이다.

출처

東萊呂氏曰 今人讀書 全不作有用看 且如人二三十年讀聖人書 及一朝遇事 便與閭巷人無異 只緣讀書不作有用看故也 已上言讀書要作實用右通言讀書之法(동래 여씨(東萊呂氏, 呂祖謙)가 말하기를, "지금 사람들은 글을 읽으면서 쓸 곳이 있음을 전혀 생각하지 않는다. 사람이 2, 3십 년을 두고 성인의 글을 읽어 놓고도 일을 당하면 하루아침에 거리의 보통 사람들과 다른 게 없으니, 이는 다만 글을 읽으면서 쓰일 데가 있다는 것을 간과하기 때문이다."하였다. 이상은 글을 읽으면 실제로 쓰임이 있어야 함을 말한 것이다. 이상은 독서하는 법에 대해 통틀어 말씀드렸습니다.) 〈『栗谷全書』 권20, 聖學輯要〉

독서지서讀書之序

율곡은 글읽기 순서를 정함에 있어 『소학』을 먼저 두어 인간의 근본인 인륜을 배워 그 도리를 실천할 것을 강조하였다. 이어 『근사록』을 포함한 사서오경을 읽어 인격을 수양하고 성정을 도야하며 천리를 관찰·음미할 수 있어야 한다고 했다. 그리고 사서史書와 성리서性理書를 읽어 뜻을 넓히고 식견을 정미하게 하라고 했다. 이는 유자의 일반적 독서 순서와 다르지 않다. 즉 율곡은 독서를 통해 이치를 궁구하여 마음을 바르게 하고, 인욕을 막아 하늘의 이치를 보존하여 성정의 덕을 길러서 실천할 것을 권장하였다. 독서의 순차적 과정을 통해 독서를 해야 하는 이유와 그 목적을 말하였다. 선현들이 왜 독서를 강조하고 있는지에 대한 의도를 깊이 생각하고 그 취지에 맞는 독서를 해야 한다.

출처

其讀書之序 則先以小學 培其根本 次以大學及近思錄 定其規模 次讀論孟中庸五經 閒以史記及先賢性理之書 以廣意趣 以精識見 而非聖之書勿讀 無益之文勿觀(글 읽는 순서는 『소학』을 먼저 배워 그 근본을 배양하고 다음에는 『대학』과 『근사록』으로 그 규모를 정하고, 그 다음에는 『논어』·『맹자』·『중용』과 오경을 읽고, 『사기』와 선현의 성리性理에 관한 책을 간간이 읽어 뜻을 넓히고 식견을 가다듬어야 할 것이다. 성인이 짓지 않은 글은 읽지 말고 보탬이 없는 글은 보지 말아야 한다.) 〈『栗谷全書』 권15 「雜著」 〈學校模範〉

독서치정讀書致精

율곡은 정자程子의 말을 인용하여 독서를 하는데 있어 정밀하게 읽을 것을 강조하고 있다. 글을 읽는다는 것은 글 속에 담긴 진정한 의미가 무엇인지를 깨달아 이해하는 것이다. 독서치정讀書致精은 글의 의미를 정확하게 파악해서 읽는 것이다. 글의 구성 요소인 단어와 문장의 의미를 정확하게 이해하고 문단간의 긴밀성을 고려하여 대의大義를 장악해야 한다. 이러한 글읽기가 되었을 때 비로소 글 속에 용해된 의미들을 제대로 이해할 수 있는 것이다. 주자는 독서법에서 독서는 치정致精이 근본되어야 하고 치정은 거경지지居敬持志에 있다고 했다.

출처

程子曰 凡看文字 先須曉其文義 然後可求其意 未有文義不曉而見意者也 已上言讀書要須致精(정자가 말하기를, '문자를 볼 적에 먼저 반드시 그 문장의 뜻을 깨달은 뒤에야 그 의미를 구할 수 있는 것이니, 문장의 뜻도 깨닫지 못하고 의미를 이해하는 자는 없다.' 하였다. 이상은 독서를 하려면 정밀해야 함을 말한 것이다.) 〈『栗谷全書』 권20, 聖學輯要〉

독서필박讀書必博

독서를 통한 박학博學은 사물을 균형적 시각에서 볼 수 있게 하는 일이다. 반대로 박학薄學을 통한 사물 인식은 자칫 지엽적이고 편협한 시각에서 재단할 위험성을 지니고 있다. '아는 만큼 보인다'고 했다. 하나를 아는 사람은 하나의 시각에서 진실을 규명하려 할 것이다. 이럴 경우 그 진실은 왜곡되어 나타날 수도 있고, 이를 진실로 받아들이게 된다면 편협한 외곬수가 된다. 이를 극복하기 위해서는 글을 널리 읽고 그 의미를 정밀하게 살펴 글 속의 진실을 제대로 이해하는 훈련이 필요하다. 본질을 알아야 본질이 보인다. 본질을 알기 위해서는 널리 그리고 정밀하게 읽어야 한다. 이 글은 율곡과 교분이 두터웠던 우계牛溪 성혼(成渾, 1535~1598)에게 답한 편지글에 실린 것이다.

◎ **출처**

如吾兄亦以爲兩邊人必有一是一非者 無乃察理未精乎 始知**讀書不可不博**也(형과 같은 이도 또한 반드시 양편 중 한 편이 옳고, 한 편이 그른 것이 있다고 하니, 이치를 정밀하게 살피지 못한 것이 아닙니까. 비로소 **글을 널리 읽지 않으면 안 된다는 것**을 알았습니다.) 〈『栗谷全書』 권11, 書, 答成浩原 己卯〉

염신정좌斂身正坐

주자의 말을 빌려 독서법을 말하고 있다. '염신정좌斂身正坐'는 독서에 임하는 첫 단계로 몸가짐을 가다듬고 단정하게 앉으라는 것이다. '단공위좌端拱危坐'나 '숙용위좌肅容危坐'와 같은 의미로, 단정한 몸가짐과 자세를 취해 평기平氣를 회복한 다음 독서에 임해야 함을 강조한 말이다. 선현들의 독서는 단순히 글을 읽는 데 지나지 않는다. 고인과의 만남이 이루어지는 시간이므로 책을 대하는 그들의 자세는 단정한 몸가짐과 경건한 마음을 견지하지 않을 수 없다.

◎ **출처**

(朱子曰)讀書 須要**斂身正坐** 緩視微吟 虛心涵泳 涵泳 是熟讀深玩之謂 切己省察 讀一句書 須體察這一句我將來甚處用得(주자가 말하기를, '독서할 적에는 반드시 **몸가짐을 가다듬고 단정하게 앉아** 눈으로 가만히 보고 나지막이 읊조리면서 마음을 비운 채 푹 젖어 들어야 한다. 함영涵泳은 숙독熟讀하여 깊이 완미하게 됨을 말한 것이다. 자기 몸에 절실하게 성찰省察하여 한 구절의 글을 읽으면 그 한 구절을 어디에서 쓸 수 있을까를 깊이 살펴야 한다.' 하였다.) 〈『栗谷全書』 권20, 聖學輯要, 修己〉

유회초록類會鈔錄

이 글은 청송聽松 성수침(成守琛, 1493~1564)의 행장에 있다. 율곡은 성수침의 행장에서 유회초록類會鈔錄하는 독서 방법을 제시하고 있다. 성수침은 주돈이의 『통서通書』부터 정주程朱에 이르는 성리서를 종류별로 초록해서 항상 자리 곁에 두어 독서를 즐겼다. 유회초록은 상당히 효율적인 독서방법으로 볼 수 있다. 숱한 성리서를 그 특징에 따라 종류별로 분류하고 초록하여 곁에 둠으로써 효과적인 독서를 꾀했다고 볼 수 있다.

출처

扁曰聽松 獨處其中 日誦大學論語 手寫太極圖 以玩索造化之原 自通書以下程朱之書 悉類會鈔錄 常置座右 以學爲樂 不以外物累其心 (청송이란 편액을 붙이고 홀로 그 안에 거처하면서 날마다 『대학』 『논어』를 외었다. 손수 태극도를 그려 놓고 조화의 근원을 탐색하였으며 『통서』(주돈이)로부터 정주의 책에 이르기까지 모조리 유별로 초록해서 항상 자리 곁에다 두고 학문만을 즐길 뿐 외물에 마음을 쓰는 일이 없었다.) 〈『栗谷全書』 권18, 行狀, 聽松成先生行狀〉

명선궁리明善窮理

율곡은 성혼에게 독서가 한 가지로 일 삼아야 하는 것은 선을 밝히고 이치를 궁구히 하는 데 있다고 했다. 명선과 궁리는 같은 의미로 볼 수 있다. 궁리는 『대학』의 격물치지나 『중용』의 명선明善과 연결되어 있다. 그런 점에서 율곡은 성혼에게 독서가 일 삼아야 하는 하나는 사물의 이치를 궁구히 하는데 진력을 다 하라는 것이다.

출처

讀書一事 只在明善窮理而已 何必費力然後爲得耶(글을 읽는 한 가지 일은 다만 선을 밝히고 이치를 궁구히 하는 데 있을 뿐인데, 어찌 힘을 허비한 뒤에야 얻게 되겠습니까?) 〈『栗谷全書』 권9, 書, 答成浩原渾 甲寅〉

무궁의취務窮義趣

의취義趣는 글 속에 담겨있는 이치 또는 진리를 의미한다. 글을 읽는다는 것은 글 속에 담긴 성현의 의취를 파악하는 것이다. 글읽기을 통해 성현의 의취를 파악해내기가 용이하지 않다. 성현의 진수가 글 속에 묻혀 있으므로 이를 캐내기 위해서는 나름의 준비가 필요하다. 단정히 꿇어앉아 마음에 이는 모든 잡념을 잠재우고 기운을 평온하게 해야 한다. 그런 후에 마음과 생각을 한 곳에 모아 성현의 의취를 구명하는데 힘쓰야 비로소 성현의 말씀이 나에게로 이르게 된다.

출처

讀書時 必端拱危坐 專心致志 務窮義趣 毋得相顧談話(독서할 때는 반드시 단정히 꿇어앉아 전심치지하여 그 의취를 궁구하기에 힘쓰고 서로 돌아보며 이야기를 해서는 안 된다.) 〈『栗谷全書』 권15, 雜著, 文憲書院學規〉

반복궁구反覆窮究

퇴계가 율곡에게 "경이란 주일무적인데 만일 사물이 한꺼번에 들이닥치면 어떻게 응접하겠느냐"고 물었다. 이에 율곡은 퇴계의 물음을 곱씹어 물음의 진의를 깨달아 자신의 논지를 펼치고 있다. 경의 요법인 주일무적으로 온갖 변화에 대응한다면 개별 사물의 당연한 법칙은 자연스레 깨치게 되어 흔들림 없는 마음으로 사리를 판단하게 된다. 반복궁구를 독서법으로 끌어들인다면, 경의 마음으로 책 속에 펼쳐진 온갖 성현의 말씀을 반복하여 읽어 그 본질의 궁극적 구명이 이루어진다. 이럴 경우 독서자는 중용의 마음으로 사물을 응할 수 있는 경지에 이르게 된다.

◎ 출처

先生曾問珥曰 敬者 主一無適 如或事物齊頭來 則如何應接 珥以此言反覆窮之而得其說焉 主一無適 敬之要法 酬酢萬變 敬之活法 若於事物上 一一窮理 而各知其當然之則 則臨時應接 如鏡照物 不動其中 東應西答 而心體自如 因其平昔斷置事理分明故也(선생이 일찍이 저에게 묻기를 "경이란 것은 주일무적이니 만약 혹 사물이 한꺼번에 들이닥치면 어떻게 응접하겠느냐?"고 하였습니다. 저는 이 말을 반복하고 궁리하여 그 설을 터득하였습니다. 주일무적이란 경의 요법이요, 온갖 변화에 대응수작하는 것은 경의 활법입니다. 만약 사물에 대하여 낱낱이 궁리하여 각각 그 당연한 법칙을 안다면, 그때그때 사물에 응접하는 것이 마치 거울이 물건을 비추되 그 중심은 흔들리지 않는 것과 같아서 동서로 응답하지만 마음의 본체는 본래 그대로일 것입니다. 이것은 평소에 사리를 판단하여 처리하는 것이 분명하기 때문이다.) 〈『栗谷全書』 권9, 書, 上退溪李先生別紙戊午〉

반복완미反復玩味

숙독정사에 의한 읽기가 이루어져야 성현의 말씀을 제대로 이해할 수 있다. 이해에서 한 단계 더나가는 것이 반복완미이다. 비록 성현이 말씀하신 근본 취지를 구했다 하더라도 되풀이해서 음미하지 않으면 온전히 내 것이 될 수 없다. 음식을 잘근잘근 씹어 그 맛을 음미하듯 성현의 말씀에 담긴 의미를 반복해서 깊이 있게 생각하여 맛 볼 때 비로소 그 의미가 나에게 이르게 된다. 따라서 성현의 말씀을 온전히 내 것으로 받아들이기 위해서는 반복완미의 독서가 필수적이다.

출처

先要虛心平氣 熟讀精思 令一字一句 皆有下落 諸家註解 一一通貫 然後可以較其是非 以求聖賢立言之本意 雖已得之 亦更反復玩味 令其義理淪肌浹髓 然後乃可言學耳(먼저 마음을 비우고 기운을 고르게 한 다음에 숙독하고, 정밀하게 생각하여 글자마다 구절마다 모두 와 닿는 것이 있고 여러 어진 이의 주해도 일일이 꿰뚫어 이해하고 난 뒤에야 그 시비를 비교하여 성현이 말씀하신 근본 취지를 구할 수 있다. 이미 얻는다 하더라도 되풀이하여 완미해서 그 의리가 살[肌]에 배이고 골수에 젖어 든 뒤에야 학문한다고 말할 수 있을 것이다.)〈『栗谷全書』 권20, 聖學輯要, 修己上 窮理〉

변음석정장구辨音釋正章句

고요히 앉아 마음을 맑게 했다면 글 속의 의미를 이해해야 한다. 성현의 말씀을 이해하기 위해 먼저 해야 할 것이 글자에 담긴 뜻을 정확하고 분명하게 깨닫는 것이다. 율곡은 주자의 말을 빌려 글을 읽을 때에는 반드시 글자마다 그 뜻을 분명하게 헤아린 후에 장구를 통해 발하는 성현의 말씀을 정확하게 파악해야 한다고 했다. 글 뜻을 정확하게 이해한 뒤라야 비로소 그 뜻을 완미할 수 있고 탐구할 수 있게 되는 것이다.

◎ **출처**

其於讀書也 必使之**辨其音釋 正其章句** 玩其辭 求其義 研精覃思 以究其所難知 平心易氣 以聽其所自得(글을 읽을 적에는 반드시 **음운과 풀이를 분명히 하고 장구를 바르게 하였으며**, 말을 완미하고 뜻을 탐구하게 하였다. 정밀하게 연구하고 깊이 생각하여 알기 어려운 것을 탐구하게 하고 마음을 안정시키고 기운을 편안하게 하여 스스로 터득한 것을 살피게 하였다. 〈『栗谷全書』 권26, 聖學輯要, 第五 聖賢道統〉

사량정사思量精思

정자의 독서 방법을 인용하여 독서에 있어 생각의 중요성을 강조하고 있다. 생각이 깊고 많을수록 올바른 가치 판단에 다다를 수 있게 된다. 율곡은 정자의 『사기』 독서법을 통해 역사를 객관적으로 판단할 수 있는 방법을 제기했다. 역사는 성공과 패망의 연속이다. 역사서를 읽는다는 것은 역사의 현장에서 펼쳐진 인간사 성패成敗의 면면을 보는 것이다. 여기에는 성공과 패망의 이유들이 채워져 있다. 그런 까닭에 읽은 후에는 생각하고 또 다시 깊이 생각하여 그 이유를 밝혀내야 한다. 비록 인간의 역사가 승자를 중심으로 그 가치를 매기지만 그 이면에는 성패를 떠나 역사가 보여주는 진정한 가치를 발견할 수 있다. 역사서를 읽음에 있어 생각하고 또

다시 정밀하게 생각하지 않는다면 역사의 이면에 담긴 진실은 발견할 수 없는 것이다.

출처

某每讀史 到一半 便掩卷思量 料其成敗 然後却看有不合處 又更精思 其間多有幸而成 不幸而敗 今人只見成者 便以爲是 敗者 便以爲非 不知成者煞有不是 敗者煞有是底(말하기를, '나는 『사기』를 읽을 때마다 반쯤 읽으면 곧 책을 덮고 생각하여, 그 성공하고 패망한 것을 헤아려 보고, 그 뒤에 다시 읽다가 합치되지 않는 곳이 있으면 또다시 정밀하게 생각하였다. 그중에는 다행히 성공한 것도 있으나 불행히 실패한 것도 많았다. 지금 사람들은 다만 성공한 이는 옳다고 하고 실패한 이는 그르다고 하니, 이는 성공한 자도 도리어 옳지 않은 것이 있고, 패망한 자도 도리어 옳은 것이 있다는 것을 알지 못한 것이다.' 하였다. 〈『栗谷全書』 권20, 聖學輯要〉

선간대절후간세행先看大節後看細行

책을 읽음에 있어 어떤 종류의 책이냐에 따라 독서방법은 차이를 보일 수 있다. 여기서는 허씨(허겸)의 말을 빌려 역사서를 읽는 방법을 제시하고 있다. 사마천의 『사기』에 수록된 인물들을 읽을 경우, 그 인물과 관련한 큰 사항들을 중심으로 읽은 후 세세한 행동들을 살펴보도록 했다. 즉 사건을 통한 인물의 행동을 되새겨 볼 때 자신의 행동에 대한 경계의 잣대가 마련되는 것이다. 사건만을 기억하고 그와 관련한 글만 외울 경우 이는 지식의 습득에 불과할 뿐 역사를 통한 인물의 가르침을 체득화 하지 못하게 된다.

◎ 출처

許氏曰 看史書 當先<u>看其</u>人之<u>大節</u> <u>然後看其細行</u> 善則效之 惡則以爲戒焉 所以爲吾躬行之益 徒記其事而誦其書 非所謂學也(허씨가 말하기를, '『사기』를 볼 때에는 먼저 그 <u>사람의 큰 대목을 훑어본 뒤에 그 세세한 행동을 보아서</u>, 착하면 본받고 악하면 경계하여야 내 몸가짐을 바루는 데 유익하게 될 것이다. 그저 그 사건만 기억하고 그 글만 외는 것은 배우는 것이 아니다.' 하였다.) 〈『栗谷全書』 권20, 聖學輯要〉

선구어신先求於身

글을 읽는 데 있어 하나의 병폐를 진단하고 있다. 독서자가 글을 읽을 때는 자신의 소견을 지니다가 책을 덮고 나면 그 의미를 망각하는 경우가 있다. 이러한 병폐의 근본 원인을 독서자 자신에게 두고 있다. 독서는 눈으로 보고 당시의 생각으로만 그쳐서는 안 된다. 그럴 경우, 책을 대할 때는 독서자의 소견을 이끌어낼 수 있지만 책을 덮는 순간 생각도 함께 묻히게 된다. 책 속의 진정한 의미를 책에서만 구해서는 안 되고 이를 자신에게로 끌어 들여야 한다. 즉 체득을 통한 독서가 필요한 것이다.

◎ 출처

問 平日讀書時 似亦有所見 旣釋書 則別是一般 不知病根安在 朱子曰 此乃不求之於身 而專求之於書 固應如此 凡吾身日用之間 無非道 書則所以接湊此心耳 故<u>必先求之於身</u> 而後求之於書 則讀書方有味(어떤 사람이 묻기를, '평소에 글을 읽을 때에는 소견이 있는 것 같다가

도 책을 놓고 나면 또 별반 다를 게 없으니, 병통의 근원이 어디에 있는지 모르겠습니다.' 하니, 주자가 대답하기를, '이것은 몸에서 구하지 않고 전적으로 책에서만 구하기 때문에 당연히 이와 같이 되는 것이다. 내가 일상생활하는 사이에 도가 아닌 것이 없으니, 글이란 것도 이 마음을 대 주는 것일 뿐이다. 그러므로 반드시 먼저 몸에서 구한 뒤에 책에서 구하면 글을 읽는 데 맛이 있을 것이다.' 하였다.) 〈『栗谷全書』 권20, 聖學輯要〉

성성무혼매惺惺無昏昧

독서는 글 속의 이치를 궁구하는 데 있다. 이치의 궁구는 깨어있는 정신이 아니고서는 깨칠 수 없다. 깨어있는 정신을 가지고 적극적 자세로 이치를 궁구할 때 글 속의 의미는 다가오게 된다. 독서를 임하는 데 있어 경敬을 강조하는 이유도 여기에 있다. 혼매昏昧한 정신을 깨치지 않고서는 글은 단지 글일 뿐이다. 글을 읽을 때는 경敬한 마음으로 정성을 다해 이치를 따져야 비로소 글은 나와 함께 할 수 있게 된다.

출처

靜坐收斂此心 使寂寂無紛起之念 惺惺無昏昧之失可也 所謂敬以直內者如此(글을 읽을 적에는 정성을 다해 이치를 따져야 한다. 이 두 가지 외에도 정좌하여 마음을 가다듬어 고요한 가운데 복잡하게 일어나는 생각이 없이 항상 깨어 있어 멍청해지는 일이 없어야 할 것이다. 이른바 "경으로 마음을 곧게 하라.[敬以直內]"는 말이 이와 같은 뜻이다.) 〈『栗谷全書』 권27, 擊蒙要訣, 持身〉

수력방환隨力方換

독서를 하는 데 있어 많은 분량의 글을 탐내어 빨리 읽기를 금하고 있다. 특히 경서는 간단히 보아 넘길 내용의 책이 아니다. 무릇어 넘쳐흘러야 비로소 그 의미를 이해하고 내 것으로 만들 수 있다. 그런 까닭에 욕심을 내어 하루에 많은 분량 읽기를 삼가야 한다. 자신의 역량을 고려해서 하루에 힘닿을 만큼의 양을 읽되 완전히 깨달을 수 있어야 한다. 그런 후에 다음 단락으로 넘어가고 다른 책으로 바꾸어야 한다.

◎ **출처**

看一書 一日隨力 且看一兩段 一段已曉 方換一段 一書皆畢 方換一書
(한 책을 보되, 하루에 힘닿는 만큼 한두 단을 보고 한 단을 깨닫고 나서 비로소 한 단으로 바꾸고, 한 책을 다 마치고서야 다른 책으로 바꾸어야 한다.) 〈『栗谷全書』 권20, 聖學輯要, 窮理〉

숙용위좌肅容危坐

독서에 임하는 자세를 밝히고 있다. 정숙한 태도와 단정한 자세는 곧 독서자의 마음 자세를 의미한다. 마음이 평온하고 기운이 안정될 때 마음과 생각이 글에 모아질 수 있다. 이러한 독서 자세로 '묵좌黙坐' '정좌正坐' '정좌靜坐' '단공위좌端拱危坐' 등이 있다. 숙용위좌肅容危坐 또한 독서자의 자세를 말하는 것이다. 바르고 엄숙하고 공손한 마음을 갖추어 독서하기를 권하고 있다.

출처

每讀書時 必<u>肅容危坐</u> 專心致志 一書已熟 方讀一書 毋務汎覽 毋事彊記(언제나 글을 읽을 때는 반드시 <u>태도를 정숙하게 하고 단정히 앉아서</u> 마음과 생각을 한곳으로 모아 한 가지 글에 익숙해진 다음에 비로소 다른 글을 읽어야 하고 많이 보기에 힘쓰지 말아야 하고 기억하는 것만 일삼지 말아야 한다.) 〈『栗谷全書』 권15, 잡저 學校模範〉

숙독熟讀

숙독은 글의 뜻을 생각하면서 차분하게 글의 의미 하나하나를 이해하며 읽는 것이다. 경서에는 성현의 사상이 농축되어 있다. 경서가 지닌 고차원적 가치를 이해하기 위해서는 반복과 집중에 의한 읽기 훈련이 반드시 필요하다. 그런 까닭에 숙독이 전제가 되어야 한다. 오랜 시간 경서를 붙들고 차분하게 읽어나가야 개안開眼의 순간을 맞이할 수 있게 된다. 숙독은 글의 의미를 모두 알아 의심이 없이 훤해질 때까지 읽는 독서 방법이다.

출처

凡讀書 必<u>熟讀</u>一冊 盡曉義趣 貫通無疑 然後乃改讀他書 不可貪多務得 忙迫涉獵也(독서를 할 때에는 반드시 책 한 권을 <u>익숙하게 읽어서</u> 의미를 모두 알아 의심이 없이 훤히 알게 된 후에 다른 책으로 바꿔 읽어야 하니, 많이 읽으려고 욕심내고 무언가 얻어 내는 데만 힘써 이것저것 바삐 보아 넘겨서는 안 된다.) 〈『栗谷全書』 권27, 擊蒙要訣, 4장 讀書〉

숙독정사熟讀精思

숙독은 익숙해질 때까지 반복해서 읽는 것이다. 정사精思는 정성스럽고 세밀하게 생각하는 것이다. 숙독과 정사는 분리되어 논할 수 없다. 숙독이 되어야 글 속의 의미를 찾아낼 수 있다. 여기에 정밀한 생각이 더해져야 경서가 지닌 심원한 진리를 깨달을 수 있다. 그런 점에서 정사는 숙독이 전제되어야 가능하다. 숙독을 통해 정사精思나 심사深思나 완미玩味가 이루어지는 것이다. 숙독정사는 본격적인 글읽기의 방법이다.

출처

先要虛心平氣 <u>熟讀精思</u> 令一字一句 皆有下落 諸家註解 一一通貫 然後可以較其是非 以求聖賢立言之本意 雖已得之 亦更反復玩味 令其義理淪肌浹髓 然後乃可言學耳(먼저 마음을 비우고 기운을 고르게 한 다음에 <u>숙독하고, 정밀하게 생각하여</u> 글자마다 구절마다 모두 와 닿는 것이 있고 여러 어진 이의 주해도 일일이 꿰뚫어 이해하고 난 뒤에야 그 시비를 비교하여 성현이 말씀하신 근본 취지를 구할 수 있다. 이미 얻는다 하더라도 되풀이하여 완미해서 그 의리가 살[肌]에 배이고 골수에 젖어 든 뒤에야 학문한다고 말할 수 있을 것이다.) 〈『栗谷全書』 권20, 聖學輯要, 窮理〉

침잠구독문의沈潛句讀文義

침잠구두문의沈潛句讀文義는 『중용』을 읽기 위한 주자의 독서법이다. 이를 확대해서 본다면 고차원의 도서를 읽기 위한 방법으로 볼 수 있다. 『중용』을 두고 주자는 "처음에는 하나의 이치를 말하였고, 중간에는 흩어져서 만 가지 일이 되었다가 끝에 가서는 다시 합하여 하나의 이치가 되었다."라고 했다. 하나의 이치에서 우주의 이치로 나갔다가 다시 하나의 이치로 돌아오는 책이 『중용』이다. 우주의 이치가 감추어져 있는 『중용』에서 무궁한 의미를 안다는 것은 쉬운 것이 아니다. 그런 까닭에 독서자는 우선적으로 구두에 침잠하여 글자 하나하나를 이해하고, 그런 다음 구와 문장에 깊이 빠져들어야 한다. 이런 과정이 없다면 자칫 글의 본질을 이해하지 못하고 기이한 경지에 현혹될 수 있음을 경계하고 있다. 고차원적이고 형이상학적인 글을 대할 때 취해야 할 독서방법으로 볼 수 있다.

◎ 출처

朱子曰 讀中庸者 毋跂於高 毋駭於奇 必沈潛乎句讀文義之間 以會其歸 必戒愼恐懼乎不覩不聞之中 以踐其實 庶乎優遊厭飫 眞積力久 而於博厚高明悠久之域 忽不自知其至焉(주자가 말하기를, '『중용』을 읽는 자는 높은 경지를 넘보거나 기이한 것에 현혹되지 말아야 한다. 반드시 구두句讀와 문의文義 사이에 깊이 잠겨 그 귀추를 이해하고, 반드시 보지 않고 듣지 않는 가운데 삼가고 두려워하여, 실천에 옮기면 마음이 너그럽고 만족스러워질 것이니, 진실로 오래도록 힘을 쌓으면 넓고 두텁고 높고 밝은 영원한 경지에 자기도 모르는 사이에 홀연히 이를 것이다.' 하였다.) 〈『栗谷全書』 권20, 聖學輯要, 修己〉

심잠어일心潛於一

'심잠어일心潛於一'은 마음이 하나로 가라앉는 것으로 이때 하나는 바로 경敬을 말한다. 경은 들뜬 마음을 제거하여 한 군데 집중하는 것이다. 글을 읽을 때 경敬한 마음을 유지해야 오래도록 흔들림이 없다. 경으로 침잠해서 글을 읽을 때 글의 뜻을 제대로 파악해서 내용을 이어갈 수 있다. 그런 과정에 젖어들어야 마음과 이치가 하나로 융회되는 것이다.

◎ 출처

<u>心潛於一</u> 久而不移 而所讀之書 文意接連 血脈貫通 自然漸漬浹洽 心與理會 而善之爲勸者深 惡之爲戒者切矣 此循序致精 所以爲讀書之法也('<u>마음이 하나로 가라앉아</u>, 오래도록 흔들리지 않아서 글을 읽으면 문의文意가 이어지고 혈맥이 관통하며, 자연히 점점 배어서 푹 젖어 들어 마음과 이치가 맞아떨어져, 선한 것을 권하는 것이 깊어지고, 악한 것을 경계하는 것이 절실해질 것이니, 이것이 순서대로 정밀하게 하는 것이 독서하는 법이 되는 이유이다.' 하였다.) 〈『栗谷全書』 권20, 聖學輯要, 修己〉

심해의취深解義趣

'심해의취深解義趣'는 글 속의 의미를 깊이 이해해 그 의미를 아는 것이다. 독서를 통해 글 속에 담긴 진의를 제대로 이해하고 안다는 것은 단순히 습득의 차원을 넘어서고 있다. 독서는 이해를 통한 깨달음으로 나가는 것이고 이는 다시 실천으로 이어진다. 그런 점에서 '심해의취'는 독서의 지향점인 실천으로 나가기 위한 중요한 과정이다.

출처

凡讀書者 必端拱危坐 敬對方册 專心致志 精思涵泳 涵泳者 熟讀深思之謂 **深解義趣** 而每句必求踐履之方 若口讀而心不體身不行 則書自書我自我 何益之有(무릇 독서를 하는 자는 반드시 단정하게 팔짱을 끼고 바르게 앉아 공경스럽게 책을 대하되, 마음을 다하고 뜻을 극진히 하고 자세히 생각하고 깊이 이해해 깊은 의미를 알되, 구절마다 반드시 그 실천할 방법을 구해야 한다. 만일 입으로만 읽지, 마음으로 체득하지 못하고 몸으로 행하지도 못한다면, 글은 저대로 글일 뿐이요, 또한 나는 나일 뿐이니 무슨 이익이 있겠는가.) 〈『栗谷全書』 권27, 擊蒙要訣, 讀書〉

엄공인외嚴恭寅畏

'엄공인외嚴恭寅畏'는 독서에 앞서 마음 자세를 보여주고 있다. 선현의 독서는 손에 닿는 데로 읽는 것이 아니다. 항상 마음의 준비가 우선되어야 한다. 앞서의 '경대방책敬對方册'이나 '경이직내敬以直內' '심잠어일心潛於一'이 하나같이 '경'의 마음에서 출발하여 책읽기로 나가는 것이다. '엄공인외嚴恭寅畏'도 '경'을 바탕으로 신독愼獨하는 마음자세를 견지하여 글을 읽는다는 점에서 앞서의 독서 방법과 유사하다.

출처

誠能**嚴恭寅畏** 常存此心 使其終日儼然 不爲物欲之所侵亂 則以之讀書 以之觀理 將無所往而不通 以之應事 以之接物 將無所處而不當矣 此居敬持志所以爲讀書之本也(진실로 능히 공경하고 조심해서 항상 이 마음을 보존하며, 종일토록 엄숙한 태도로 물욕에 빠지는 바가 되지 아니한다면, 곧 이것으로 독서도 하고 이것으로 이치도 관찰하

여, 어딜 가든 통하지 않는 곳이 없을 것이고, 이것으로 사물에 응접하면 어떤 일이건 마땅하지 않은 것이 없을 것이다. 이것이 공경함에 거하고 뜻을 간직하는 것이 글을 읽는 데에 근본이 되는 까닭이다.' 하였다.) 〈『栗谷全書』 권20, 聖學輯要, 修己〉

엄숙정제嚴肅整齊

이른 새벽에 일어나 책읽기에 앞서 준비하는 몸가짐과 마음가짐은 선현들의 독서에 있어 중요한 출발점이 된다. 일찍 일어나 세수하고 빗질하고 의관을 갖추고 단정히 앉아 몸가짐을 가다듬는 모든 행위가 엄숙정제嚴肅整齊로 볼 수 있다. 방일한 마음을 거두고 자신을 성찰하여 그 마음이 함부로 날뛰지 않도록 단속하고 조심하는 모든 것들이 경敬의 발로이다. 경敬이 옛사람의 글읽기에 얼마만큼 중요한 비중을 차지하는지를 일깨우는 말이다. 독서의 시작은 경敬한 마음에서 출발해야 함을 다시 강조하고 있다.

◎ 출처

本旣立矣 昧爽乃興 盥櫛衣冠 端坐斂形 提掇此心 皦如出日 <u>嚴肅整齊</u> 虛明靜一[右言晨興] 乃啓方冊 對越聖賢 夫子在坐 顏曾後先 聖師所言 親切敬聽 弟子問辨 反復參訂 [右言讀書](근본이 섰거든 새벽에 일어나 세수하고 빗질하고 의관을 갖추고서, 단정히 앉아서 몸가짐을 가다듬고, 솟아나는 해처럼 밝게 마음을 추스려 <u>엄숙하게 정제整齊하여</u> 밝게 비우고 고요히 하나로 모으라. [이상은 새벽에 일어났을 때를 말한 것입니다.] 이에 책을 펴서 성현을 대한다면, 공자가 앉아 있고 안顏 · 증曾이 앞뒤에 있을 것이니, 성사聖師께서 말씀하신 자세한 내용을 경청하고 제자들이 묻고 변론한 것을 반복해서 참작하여 바르게 판단하라.) 〈『栗谷全書』 권20, 聖學輯要, 修己〉

연정담사研精覃思

글을 읽을 때에는 반드시 음운과 풀이를 정확하게 알고 장구를 바르게 이해해야 그 뜻을 구할 수 있다. '연정담사研精覃思'는 여기에서 한 걸음 더 나간 독서방법다. 문장의 정확한 이해가 바탕이 될 때 정밀한 연구와 깊이 있는 생각을 더할 수 있게 된다. 독서에 있어 각 단계의 순차를 제대로 밟아야 다음 단계로 넘어갈 수 있다. 독서의 텍스트가 경서란 점을 감안한다면 이러한 순서는 필연적이다. '연정담사研精覃思'가 이루어져야 알기 어려운 것을 탐구할 수 있고 이를 넘어서야 가치판단과 실천으로 나갈 수 있다.

출처

其於讀書也 必使之辨其音釋 正其章句 玩其辭 求其義 研精覃思 以究其所難知 平心易氣 以聽其所自得 然爲己務實 辨別義利 毋自欺 愼其獨之戒 未嘗不三致意焉(주자의 글을 읽을 적에는 반드시 음운音韻과 풀이를 분명히 하고 장구章句를 바르게 하였으며, 말을 완미하고 뜻을 탐구하게 하였다. 정밀하게 연구하고 깊이 생각하여 알기 어려운 것을 탐구하게 하고 마음을 안정시키고 기운을 편안하게 하여 스스로 터득한 것을 살피게 하였다. 그러나 위기지학爲己之學을 하여 무실역행務實力行하고 의義와 이利를 분별할 것이며, 자기를 속이지 말고 홀로 있을 때를 경계하라고 신신당부하지 않은 적이 없었다." 하였다.) 〈『栗谷全書』 권26, 聖學輯要, 聖賢道統〉

앵무지독鸚鵡之讀

독서를 통한 격치格致는 중요하다. 독서를 통한 격치는 천리를 깨치고 자신을 수양하여 선을 밝히고 천덕을 베풀 수 있는 밑거름 역할을 한다. 여기서 독서의 역할이 나누어진다. 이론과 실천의 문제이다. 격치는 만물의 이치를 깨칠 수 있는 이론적 근거를 마련해준다. 이론적 근거 제시는 다시 실천과 연결되어 있다. 격치는 응당 당위적 실천으로 넘어가야 한다. 즉 자신을 수양하고, 선을 밝히고 천덕을 실현하는 데까지 나가야 온전한 독서를 이룬 것이라 할 수 있다. 그런데 지금의 독서인들은 앵무새와 같아 격치가 지향해야 할 본의는 깨닫지 못하고 글자만 의미없이 읊조리기만 할 뿐이다. 율곡은 정자의 말을 빌려 위인지학爲人之學으로만 나가는 당대인들의 독서습관을 비판한 것이다.

출처

程子曰 周公沒而百世無善治 信哉 客曰 自漢以後 非無讀書之人也 所謂道學者 何學耶 主人曰 陋哉 子言 夫道學者 格致以明乎善 誠正以修其身 蘊諸躬則爲天德 施之政則爲王道 彼讀書者 格致中一事耳 讀書而無實踐有 何異於鸚鵡之能言耶 如梁元帝讀書萬卷 竟爲魏俘 此亦可謂道學乎(정자의 말에, "'주공이 죽은 뒤에는 백세 동안 선정이 없었다.' 하였으니 과연 사실이라" 하니, 손님이 또, "한대漢代 이후에도 독서하는 사람이 없지 않았을 텐데 이른바 도학이란 어떤 학문인가?" 하니, 주인이, "고루하다. 그대의 말이. 도학이란 것은 격치格致로써 선善을 밝히고, 성정誠正으로써 몸을 닦아 그 학문이 몸에 쌓이면 천덕天德이 되고 그것을 정사政事에 베풀면 왕도가 되는 것이니, 독서는 격치 중의 한 가지에 지나지 않는 것이다. 독서만 하고 실천이 없으면 앵무새가 말 잘하는 것과 무엇이 다를 것인가. 양梁나라 원제元帝 같은 이는 만 권의 책을 읽었지만 결국 위魏나라의 포로가 되었으니 이것도 도학이라고 할 수 있겠는가." 하였다.) 〈『栗谷全書』 권15, 雜著, 東湖問答〉

완사구의玩辭求義

독서를 한다는 것은 글의 의미를 이해하는 것이다. 그러기 위해서는 글자마다의 뜻을 정확하게 풀이하고 장구의 뜻을 제대로 파악해야 한다. 성현의 말씀에는 글자 한 자에 그들 사상을 응축해 놓은 것들이 부지기수다. 그런 까닭에 글 속에 담긴 의미를 제대로 완미하지 않을 수 없다. 음식은 곱씹을수록 즙이 우러나 음식 본연의 맛을 알 수 있듯이 성현의 글도 마찬가지이다. 곱씹어서 글의 뜻을 제대로 맛보아야 한다. 그런 후에 논리적으로 다시 헤아려 본의를 밝혀야 하는 것이다. 율곡은 주자의 말을 인용해 '완사구의玩辭求義'의 독서 방법을 제시했다.

출처

其於讀書也 必使之辨其音釋 正其章句 **玩其辭** **求其義** 研精覃思 以究其所難知 平心易氣 以聽其所自得 然爲己務實 辨別義利 毋自欺 愼其獨之戒 未嘗不三致意焉(글을 읽을 적에는 반드시 음운音韻과 풀이를 분명히 하고 장구章句를 바르게 하였으며, **말을 완미하고 뜻을 탐구하게** 하였다. 정밀하게 연구하고 깊이 생각하여 알기 어려운 것을 탐구하게 하고 마음을 안정시키고 기운을 편안하게 하여 스스로 터득한 것을 살피게 하였다. 그러나 위기지학爲己之學을 하여 무실역행務實力行하고 의義와 이利를 분별할 것이며, 자기를 속이지 말고 홀로 있을 때를 경계하라고 신신당부하지 않은 적이 없었다고 하였다.)
〈『栗谷全書』 권26, 聖學輯要 聖賢道統〉

완색잠구玩索潛究

독서에 있어 외우고 기억하는 것이 중요한 일이지만 단지 여기에만 머물러서는 안 되는 일이다. 기송記誦은 글 속의 의미를 이해하기 위한 과정이다. 만약 기송에만 머문다면 이는 앵무새가 사람의 말을 따라하는 것과 다를 바 없으며 구이지학口耳之學에 머물고 말게 된다. 기송은 완색잠구玩索潛究를 위해 필요하다. 완색玩索은 글 속의 의미를 이리저리 맛보고 탐색하는 작업이다. 기송이 음식의 겉절이를 맛보았다면 완색은 곱씹어 맛보는 것이다. 여기에 다시 잠구潛究가 더해진다. 곱씹어 맛봄으로써 글의 의미를 탐색했다면 다시 마음을 가라앉혀 깊이 있는 연구가 더해져야 한다. 이제야 온전히 성현의 뜻을 더듬을 수 있게 된다.

출처

讀書雖貴成誦 然若著意於記誦 則不久生厭 且無意味 莫如**玩索潛究**之爲愈也("글을 읽는 데는 외우는 것이 중요하다고는 하지만, 만일 기억하여 외우는 데에 유의한다면 오래지 않아서 싫어지고 또 의미가 없어질 것이니, **잘 생각하고 마음을 가라앉혀 연구하는 것**보다 좋은 것이 없다." 하였다.) 〈『栗谷全書』 권32, 語錄 下〉

但不可只誦四字而已 必知所以用功 然後實能居敬 實能窮理矣 若不**玩索**程朱諸先生之說 則何由識其用功之術乎 余讀龍巖先生擊蒙編 然後知龍巖於此學用功深而運意勤也 不然 何其擇之精而取之切乎(다만 네 글자[居敬窮理]를 송독하기만 해서는 안 되고 반드시 어떻게 공부를 해야 할 것인가를 안 후에야 진실로 능히 거경궁리하고 진실로 능히 궁리할 수 있을 것이다. 만약에 정자와 주자 등 여러 선생의 학설을 **완미탐색** 하지 않는다면 무엇을 말미암아 그 공부하는 방법을 알겠는가. 나는 용암 선생의 『격몽편』을 읽고 난 뒤에 용암이 이 학문에 있어서 공부한 것이 깊고 마음 쓴 것이 근실하였음을 알게 되었다. 그렇지 않고서야 어찌 이렇게 선택한 것이 정밀하고 채취한 것이 절실하겠는가.) 〈『栗谷全書』 권13, 跋, 擊蒙編跋〉

완시미음緩視微吟

'완시미음緩視微吟'는 경의 자세를 통한 독서 발현의 모습으로 본격적인 독서의 시작이다. 마음을 한 군데로 집중하여 흐트러짐이 없는 경敬의 상태에서 눈으로 가만히 글자를 응시하고 입으로 이를 나지막하게 읊조린다. 마음과 기운이 조화로운 상태에서 이루어지는 독서이다. 이로써 독서자는 글 속에 전일할 수 있게 된다.

◎ 출처

讀書 須要斂身正坐 緩視微吟 虛心涵泳 涵泳 是熟讀深玩之謂 切己省察 讀一句書 須體察這一句我將來甚處用得(주자가 말하기를, '독서할 적에는 반드시 몸가짐을 가다듬고 단정하게 앉아 눈으로 가만히 보고 나지막이 읊조리면서 마음을 비운 채 푹 젖어 들어야 한다. 함영涵泳은 숙독熟讀하여 깊이 완미하게 됨을 말한 것이다. 자기 몸에 절실하게 성찰省察하여 한 구절의 글을 읽으면 그 한 구절을 어디에서 쓸 수 있을까를 깊이 살펴야 한다.' 하였다.) 〈『栗谷全書』 권20, 聖學輯要, 修己〉

용맹분약勇猛奮躍

'용맹분약勇猛奮躍'은 독서의 자세로 독서를 할 때는 진력을 다할 것을 강조한 말이다. 주자는 〈독서법〉에서 독서를 전쟁에 자주 비유하였다. 주자는 "글을 읽을 때는 모름지기 맹장이 병사를 운용할 때 단 한 번의 진陣으로 온힘을 다해 끝까지 싸우는 것처럼(看文字, 須是如猛將用兵, 直是鏖戰一陣)" 하라고 했다. 독서는 전쟁에 임하는 장수처럼 용감하고도 비장한 마음으로 분발해서 읽어야 한다.

◎ 출처

讀大學 豈在看他言語 正欲驗之於心如何 如好好色惡惡臭 試驗之吾心 果能好善惡惡如此乎 閒居爲不善 是果有此乎 一有不至 則勇猛奮躍不已 必有長進 今不知如此 則書自書 我自我 何益之有(『대학』을 읽는데 어찌 그 언어言語만을 보겠는가. 바로 마음에서 어떠한가를 증험해 보아야 한다. 과연 호색好色을 좋아하듯 선한 것을 좋아하고, 악취惡臭를 싫어하듯 악한 것을 미워하는가를 내 마음에서 시험해 보아야 한다. 한가하게 지낼 적에 선하지 못한 짓을 한 일이 과연 있는가. 한 가지라도 이르지 못한 것이 있을 때, 용감하게 분발하기를 그만두지 않으면 반드시 큰 발전이 있을 것이다. 지금 이런 것을 알지 못하면 글은 글대로 있고 나는 나대로 있을 것이니, 무슨 이익이 있겠는가.' 하였다.) 〈『栗谷全書』 권20, 聖學輯要, 修己〉

우유염어優遊厭飫

독서는 도리를 이해하여 인간의 완성을 이루려는 데 있다. 독서를 통해 자신의 도리를 투철하게 하나로 받아들여 도리와 자신의 마음이 상호 수긍하게 한다. 이렇게 되면 마음은 우유優遊가 되고 염어厭飫가 된다. 즉 도리와 맞닿은 마음은 여유롭게 푹 빠져 저절로 도를 구하게 되고 물리도록 넉넉하게 되어 스스로 도를 좇아가게 된다. 이치가 자연스럽게 따라 나와 얻게 되는 것이다. 그런 점에서 '우유염어優遊厭飫'는 독서의 실천적 결과물로 볼 수 있다.

출처

朱子曰 讀中庸者 毋跂於高 毋駭於奇 必沈潛乎句讀文義之間 以會其歸 必戒愼恐懼乎不覩不聞之中 以踐其實 庶乎<u>優遊厭飫</u> 眞積力久 而於博厚高明悠久之域 忽不自知其至焉(주자가 말하기를, '『중용』을 읽는 자는 높은 경지를 넘보거나 기이한 것에 현혹되지 말아야 한다. 반드시 구두句讀와 문의文義 사이에 깊이 잠겨 그 귀추를 이해하고, 반드시 보지 않고 듣지 않는 가운데 삼가고 두려워하여, 실천에 옮기면 <u>마음이 너그럽고 만족스러워질 것이니</u>, 진실로 오래도록 힘을 쌓으면 넓고 두텁고 높고 밝은 영원한 경지에 자기도 모르는 사이에 홀연히 이를 것이다.' 하였다.) 〈『栗谷全書』 권20, 聖學輯要, 修己〉

융회관통融會貫通

독서에 있어 '융회관통融會貫通'은 의문이 있었던 글의 내용이 점차 풀려 자연스레 이해가 되고 글 전체의 이치를 꿰뚫게 되는 것이다. '융회관통'은 저절로 이루어지는 것이 아니다. '숙독완미'나 '완색잠구' 등의 과정을 거쳐야 글의 의미를 자세하게 이해할 수 있게 된다. 그런 과정을 거쳐서 글의 조리와 맥락, 글 속의 이치를 자세하게 알게될 때 비로소 글 전체를 일관성 있게 이해할 수 있는 관통이 이루어지게 되는 것이다.

출처

讀書 始讀未知有疑 其次則漸漸有疑 中則節節是疑 過了這一番後 疑漸漸釋 以至**<u>融會貫通</u>** 都無可疑 方始是學(처음 독서할 적에는 의문이 있는 것을 알지 못하다가, 다음에 점점 의문이 생기고 중간에는 마디마디 의심스러우니, 이런 고비를 지난 뒤에 의문이 점점 풀려서, <u>자세히 이해하고 이치를 꿰뚫어서</u> 전혀 의심스러운 것이 없어야 비로소 배운 것이 된다.' 하였다.) 〈『栗谷全書』 권20, 聖學輯要, 修己〉

전심독서專心讀書

전심專心은 마음을 전일專一하여 글에 집중하는 것을 말한다. 독서를 할 때 마음과 힘을 모아 오직 글 속의 의미를 찾는데 쏟아야 한다. 마음을 집중하면 이해하지 못할 글이 없어 저절로 성현의 말씀이 분명해지게 된다. 독서할 때 마음이 글에 있지 않기 때문에 이해할 수 없는 것이다. 마음과 생각을 글에다 집중한 후 글 속의 의미를 음미하여 체득하면 자신의 덕을 새롭게 할 수 있다.

◎ 출처

來諭**專心讀書** 日新己德者 眞鄙人所當服膺也 感佩感佩(보내온 말에 '마음을 전일히 해 글을 읽어 날로 몸의 덕을 새롭게 한다.'는 것은 참으로 나의 가슴에 새길 일이라 감사하고 또 감사합니다.) 〈『栗谷全書』 권11, 書, 答宋雲長〉

전심치지專心致志

'전심치지專心致志'는 『맹자孟子』 〈고자告子〉 편에 나온다. 바둑이 하찮은 재주이지만 정신을 집중해 배우지 않으면 터득할 수 없으므로 무엇을 배우거나 행할 때 항상 마음을 오직 한 곳에 집중할 것을 말하고 있다. 하찮은 기예조차도 온 마음을 하나에 집중해야 하는데, 성현의 글을 읽을 때는 더 더욱 방심할 수 없는 것이다. '전심치지'는 독서에 임하는 자세를 밝히고 있다. 독서자는 태도를 정숙하게 하고 단정히 앉아서 기운을 평온하게 해야 한다. 그런 후 마음을 하나로 모아 오롯이 하고 뜻을 지극히 하여 글을 읽어야만 의취를 궁구할 수 있게 된다.

◎ 출처

每讀書時 必肅容危坐 專心致志 一書已熟 方讀一書 毋務汎覽 毋事彊記(언제나 글을 읽을 때는 반드시 태도를 정숙하게 하고 단정히 앉아서 마음과 생각을 한 곳으로 모아 한 가지 글에 익숙해진 다음에 비로소 다른 글을 읽어야 하고 많이 보기에 힘쓰지 말아야 하고 기억하는 것만 일삼지 말아야 한다.) 〈『栗谷全書』 권15 잡저, 學校模範〉

讀書時 必端拱危坐 專心致志 務窮義趣 毋得相顧談話(독서할 때는 반드시 단정히 꿇어앉아 마음과 생각을 한 곳으로 모아 그 의취를 궁구하기에 힘쓰고 서로 돌아보며 이야기를 해서는 안 된다." 〈『栗谷全書』 권15, 雜著, 文憲書院學規〉

凡讀書者 必端拱危坐 敬對方冊 專心致志 精思涵泳 涵泳者 熟讀深思之謂 深解義趣 而每句必求踐履之方 若口讀而心不體身不行 則書自書我自我 何益之有(무릇 독서를 하는 자는 반드시 단정하게 팔짱을 끼고 바르게 앉아 공경스럽게 책을 대하되, 마음을 다하고 뜻을 극진히 하고 자세히 생각하고 깊이 이해해 깊은 의미를 알되, 구절마다 반드시 그 실천할 방법을 구해야 한다. 만일 입으로만 읽지, 마음으로 체득하지 못하고 몸으로 행하지도 못한다면, 글은 저대로 글일 뿐이요, 또한 나는 나대로 나일 뿐이니 무슨 이익이 있겠는가.) 〈『栗谷全書』 권27, 擊蒙要訣, 讀書〉

절기성찰切己省察

유자에게 있어 독서는 이치의 궁구를 통해 자기 성찰에 이른다는 점에서 수양적 차원의 글읽기라 할 수 있다. 독서에 임해 단정한 몸가짐과 자세, 그리고 평기平氣를 회복하는 것은 독서를 통해 '절기성찰切己省察'하기 위한 과정으로 볼 수 있다. 마음을 비우고 책 속에 푹 빠져서 자신을 간절히 성찰해야 한다. 그런 점에서 '절기성찰切己省察'은 독서 방법에 있어 귀착점이 될 수 있다. 성현의 말씀에 무젖어 그 속에 담긴 참뜻을 나에게로 돌리는 것이다. 율곡에게 있어 '절기성찰'은 그가 강조한 '성誠'과 맞닿아 있다. 율곡은 성誠에 대해 만물의 체體가 되며 사물의 종시終始로 원형이정元亨利貞은 하늘의 성誠이고, 인의예지는 인성의 성誠으로 보고 있다. 즉 천지가 만물을 생성하는 과정 및 그 마음을 성誠으로 규정하고 그 성誠을 인간이 추구해야 할 근본적인 마음가짐으로 삼았다. 율곡은 독서를 통해 자신에게 간절히 성찰해야 성誠에 다다를 수 있다고 본 것이다.

출처

(朱子曰)讀書 須要斂身正坐 緩視微吟 虛心涵泳 涵泳 是熟讀深玩之謂 <u>切己省察</u> 讀一句書 須體察這一句我將來甚處用得(주자가 말하기를, '독서할 적에는 반드시 몸가짐을 가다듬고 단정하게 앉아 눈으로 가만히 보고 나지막이 읊조리면서 마음을 비운 채 푹 젖어 들어야 한다. 함영涵泳은 숙독熟讀하여 깊이 완미하게 됨을 말한 것이다. <u>자기 몸에 절실하게 성찰省察하여</u> 한 구절의 글을 읽으면 그 한 구절을 어디에서 쓸 수 있을까를 깊이 살펴야 한다.' 하였다.) 〈『栗谷全書』 권20, 聖學輯要, 修己〉

절실천리切實踐履

선비들의 독서는 단순히 경서의 고증 · 해명 · 주석이나 글귀의 뜻을 질문하는 데 그쳐서는 안 된다. 경서를 읽으면서 오직 글귀나 해석하는 데만 진력을 한다면 이는 과거를 통해 명성이나 녹을 구하려는 위인지학爲人之學

에 머무르고 말게 된다. 독서는 박학博學하여 두루 아는 것이 그 시작이고, 절문切問하여 모르는 부분까지 절실하게 이해하는 것이 그 다음이다. 이를 바탕으로 독실한 실천으로 나가야 비로소 위기지학爲己之學이 이루어진다. 군주는 구이지학口耳之學에 머물러서는 안 된다. 경전이 담고 있는 가르침을 깨치고 깨쳐 이를 백성을 위해 실천할 때 비로소 군주의 독서는 이루게 되는 것이다.

출처

經席之上 只以解釋文字 塞啓沃之責 殿下亦反覆咨問 字訓文意 而未嘗下詢切實踐履之功 夫讀書而只求文義 不反之身者 乃科業之士所以求名求祿者也(경연에서도 오직 글자와 글귀나 해석함으로써 올바른 길을 깨우치는 책임을 미봉하고 있고, 전하께서도 되풀이하여 글자의 훈고와 글귀의 뜻이나 질문하실 뿐 절실하게 실천하여야 할 공부에 대하여는 일찍이 하문하신 적이 없으십니다. 책을 읽으면서 오직 글 뜻이나 추구하고 자신에 반성하지 않는다면 그것은 바로 과거를 보려는 선비가 명성을 추구하고 녹을 추구하는 방법인 것입니다.)
〈『栗谷全書』 권6, 疏箚, 應旨論事疏〉

정금단시正襟端視

책을 대하기에 앞서 마음의 준비가 자세로 드러나게 된다. 옷깃을 바로 여미고 시선을 가만히 둔다는 '정금단시正襟端視'는 다음에 이어지는 '고공위좌'와 마찬가지로 책을 읽기에 앞서 경敬의 상태를 유지하는 것이다. 독서의 출발은 경敬에서부터이다. 그런 까닭에 경敬을 갖추기 위한 준비 자세가 독서 자세의 기본이 된다. 맹자도 이르길 "학문의 도는 다름이 아니라 그 흩어진 마음을 구할 뿐이다.(學問之道無他, 求其放心而已矣)"라고 했다. 독서는 흩어진 마음을 거두어 들인 뒤에라야 비로소 이루어질 수 있는 것이다.

> **출처**
>
> 正襟端視 高拱危坐 專精讀書 實下工夫 心心念念 不容少怠 則此謂立志(옷깃을 여미며 매무새를 단정하게 하고 두 손을 모우고 꼿꼿하게 앉아서 독서에 전념하여 참된 공부를 해서 마음과 생각이 조금도 나태하지 않는다면 이를 입지라고 하는 것이다.) 〈『栗谷全書』 拾遺4, 雜著, 示尹甥玥〉

정좌수렴靜坐收斂

독서에 임하는 자세를 말하고 있다. 정좌靜坐는 조용히 앉아 있는 것이다. 조용히 앉아 있다는 것은 단순히 조용히 앉아 있는데 그치는 외적인 측면만을 말하는 것이 아니다. 정좌는 마음의 수련과정으로 볼 수 있다. 독서에 앞서 들뜬 마음을 안정시키고 기운을 평안하게 하는 것이다. 이는 경敬으로의 수렴과정이라 할 수 있다. 글읽기에 앞서 마음을 한 군데 집중하여 잡념을 제거하기 위해서 정좌와 수렴이 우선되어야 한다.

> **출처**
>
> 靜坐收斂此心 使寂寂無紛起之念 惺惺無昏昧之失可也 所謂敬以直內者如此(정좌하여 마음을 가다듬어 고요한 가운데 복잡하게 일어나는 생각이 없이 항상 깨어 있어 멍청해지는 일이 없어야 할 것이다. 이른바 "경으로 마음을 곧게 하라.[敬以直內]"는 말이 이와 같은 뜻이다.) 〈『栗谷全書』 권27, 擊蒙要訣, 持身〉

종용묵회從容默會

'종용從容'은 편안하게 자약하는 모습이며, '묵회默會'는 말없이 깊이 생각하는 가운데 스스로 깨달음을 말하는 것이다. 율곡은 양시楊時의 독서법을 빌려와 독서는 몸과 마음으로 체험하고 경험하여 이를 조용히 마음속으로 이해하여 깨닫는 것이라 했다. '종용'이 때로는 마음의 이완으로 쓰여 나태한 마음가짐을 말하기도 하지만 여기서는 마음의 수렴과정을 통한 안정된 상태로 보는 것이 바람직하다. '종용묵회'는 조용히 글을 읽어 글 속의 의취義趣를 헤아려 이해하고 깨닫는 것이다.

출처

龜山楊氏曰 讀書之法 以身體之 以心驗之 從容默會於幽閒靜一之中 超然自得於書言象意之表 蓋某所自爲者如此(구산 양씨[양시楊時]는, '독서하는 법은 몸으로 체험하고 마음으로 경험하여, 한가하고 고요한 가운데 조용히 마음속으로 이해하고, 책에서 말한 것과 나타내는 뜻을 막힘없이 스스로 터득하는 것이니, 이는 내가 스스로 이와 같이 했던 것이다.' 하였다.) 〈『栗谷全書』 권20, 聖學輯要〉

주송야사晝誦夜思

선비의 독서는 경서를 읽어 성인의 마음 씀과 실천적 삶의 모습을 통해 자신을 성찰하고 성인의 가르침을 묵수실천默守實踐 하려는 데 있다. 주송야사晝誦夜思의 대상은 성인의 말씀이다. 경서에 담긴 성인의 말씀을 실천하기 위해서는 성인의 말씀과 나의 행동이 하나가 되어야 한다. 낮에 성인의 구절을 외우고 음미하고 밤에 이를 다시 깊이 생각한다는 것은 구절

속에 담긴 성인의 가르침을 온전하게 깨치는 작업이기도 하지만 잠시라도 성인의 가르침에서 벗어나지 않는 삶을 추구하겠다는 도덕적 실천의 의지로 볼 수 있다. 밤낮을 가리지 않고 외고 생각할 때 글 속에 담긴 이치를 깨치게 되고, 깨친 이치는 실천으로 나가 궁리진성窮理盡性을 이루게 된다.

출처

讀書者 當觀聖人所以作經之意與聖人所以用心與聖人所以至聖人 而吾之所以未至者 所以未得者 句句而求之 晝誦而味之 中夜而思之 平其心 易其氣 闕其疑 則聖人之意 見矣(글을 읽는 이는 마땅히 성인이 경經을 지은 의도와, 성인이 마음 쓰는 것과 성인이 성인이 된 까닭을 보아서, 내가 아직 이르지 못한 것과 아직 얻지 못한 것을 구절마다 연구하여, 낮에는 외워 음미하고, 밤에는 생각하여, 그 마음을 고르게 하고 기운을 평온하게 하여 의문을 없애면 곧 성인의 뜻이 보일 것이다.' 하였다.) 〈『栗谷全書』 권20, 聖學輯要, 修己〉

지독경서只讀經書

선비의 글읽기는 입으로 읊조리는 데 그치는 것이 아니라 실천을 강조한다. 재도지문載道之文이라 하여 글은 도를 싣는 것을 근본으로 삼고 있다. 도를 싣는 문이 되기 위해서는 독서의 대상은 당연 경서가 중심이 되어야 한다. 사장辭章은 지금으로 말한다면 문예적 글을 말한다. 사장은 감정의 유로流露로 나가거나 시류에 부합된 감정의 횡일로 빠질 수 있기 때문에 당시 사림파 선비들은 사장에 대해 부정적 시각을 보이고 있다. 사장이 비록 문학으로서의 중추적 역할을 담당하지만 실천 유자의 입장에서 본다면 독서는 반드시 경서가 중심이 되어 성현의 말씀을 체득하는 데 있다.

◎ 출처

今臣自少只讀經書 不習辭章 到今衰病日甚 廢鉛槧 其於詩學 旣不能自力 又無以辨人之優劣 只此一事 亦難堪任(신은 소시부터 단지 경서만을 읽고 사장은 익히지 않았으며, 이제 와서는 쇠병이 날로 심하여 문필을 전폐하고 그 시학에 있어서는 이미 스스로 힘쓰지 않았고 또 남의 우열을 구별하지도 못하니 오직 이 대제학을 맡는 한 일만은 역시 감당하기 어렵사옵니다.) 〈『栗谷全書』 권8, 啓, 辭大提學啓〉

진적력구眞積力久

독서는 글 사이 켜켜이 쌓여있는 성현의 말씀을 체득하는 과정이다. 따라서 독자는 삼가고 두려워하는 마음으로 글 속에 잠겨 의미 하나하나를 살펴서 밝혀야 한다. 이는 지난至難한 수련과정이라 할 수 있다. 엿보기의 독서는 책을 덮는 순간 같이 묻혀지게 된다. 글 속에 깊이 잠겨 그 귀추를 이해하고 실천에 옮기기를 진실로 오래도록 힘닿는 데까지 할 때 비로소 활연관통豁然貫通하게 된다. 성현의 갈무리된 진실을 터득하고 자연의 이치를 깨치기 위해서는 진적력구眞積力久의 독서가 필요하다.

◎ 출처

朱子曰 讀中庸者 毋跂於高 毋駭於奇 必沈潛乎句讀文義之閒 以會其歸 必戒愼恐懼乎不覩不聞之中 以踐其實 庶乎優遊厭飫 眞積力久 而於博厚高明悠久之域 忽不自知其至焉(주자가 말하기를, '『중용』을 읽는 자는 높은 경지를 넘보거나 기이한 것에 현혹되지 말아야 한다. 반드시 구두句讀와 문의文義 사이에 깊이 잠겨 그 귀추를 이해하

고, 반드시 보지 않고 듣지 않는 가운데 삼가고 두려워하여, 실천에 옮기면 마음이 너그럽고 만족스러워질 것이니, 진실로 오래도록 힘을 쌓으면 넓고 두텁고 높고 밝은 영원한 경지에 자기도 모르는 사이에 홀연히 이를 것이다.' 하였다.) 〈『栗谷全書』 권20, 聖學輯要〉

진천기역眞踐其域

독서의 궁극은 실천에 있다. 경서는 성현의 말씀을 담고 있어 방심한 마음으로 읽어서는 글 따로 자신 따로[書自書 我自我]가 된다. 그런 까닭에 경서를 대할 때는 마음을 하나로 모아 바르게 한 후에 읽어야 한다. 이렇게 읽어야 몸과 마음으로 그 도를 체득하게 되고 그런 연후에야 진실로 실천할 수 있게 된다. 율곡은 군주에게 독서를 통한 실천을 강조하고 있다. 글 속에 담긴 성현의 도리를 깨치고 이를 실천에 옮길 때 비로소 군주의 덕화가 만백성에게 미치게 된다. 그런 까닭에 독서는 군주에게 더 중요한 일이다. 독서의 궁극인 실천은 성현의 말씀을 진실로 실천하여 덕화를 실현하는 데 있다.

◎ **출처**

臣不知殿下至今尙置左右 而省覽不倦歟 大學, 論語, 孟子斯三書者 修己治人之道 罔不備載 讀此三書而不知道 所謂雖多亦奚以爲 今殿下於此三書 旣已貫穿融會矣 何不體之身心 眞踐其域 使生民得蒙至治之澤乎(전하께서는 지금도 이것[敬,正心]을 좌우에 두시고 살피기를 게을리하지 않으신지 모르겠습니다. 『대학』, 『논어』, 『중용』 이 세 가지 책에는 자기 스스로 닦고 남을 다스리는 도가 모두 실려 있지 않은 것이 없습니다. 이 세 가지 책을 읽고도 도를 알지 못한다면 이른바 "비록 많이 안다고 하더라도 무슨 소용이 있겠는가?"하는 경우가 됩니다. 지금 전하께서는 이 세 가지 책에 대하여 이미 꿰뚫어 두루 이해하고 계십니다. 어찌하여 몸과 마음으로 그것을 체득하여 그 경지를 진실로 실천함으로써 백성들로 하여금 지극한 다스림의 혜택을 받도록 하시지 않습니까.) 〈『栗谷全書』 권4, 疏箚, 代白參贊仁傑論時事疏〉

진효의취盡曉義趣

책을 읽다보면 많이 읽으려는 욕심에 빨리 책을 읽고 다음 책으로 넘어가고 싶은 욕망에 사로잡히는 경우를 종종 경험하게 된다. 독서는 빨리 읽는 것이 중요한 것이 아니다. 중요한 것은 글 속에 담긴 내용을 정확하고도 깊이 있게 이해하는 데 있다. 그런 까닭에 선현들의 독서방법은 한 권의 책을 익숙하게 읽는 것이 필수적인 요건이 된다. 숙독熟讀을 해야만 글 속의 의미를 오롯하게 이해하고 알 수 있게 되어 의심이 없어지게 된다. 독서는 글 속의 의미를 제대로 이해하고 모두 아는 것이 중요하다. 숙독을 통한 의미의 궁구가 이루어지지 않은 상태에서 많이 읽기만을 욕심내어 이것저것 바삐 보아 넘겨서는 안 된다.

◎ 출처

凡讀書 必熟讀一册 盡曉義趣 貫通無疑 然後乃改讀他書 不可貪多務得 忙迫涉獵也(독서를 할 때에는 반드시 책 한 권을 숙독熟讀하여서 의미를 모두 알아 의심이 없이 훤히 알게 된 후에 다른 책으로 바꿔 읽어야 한다. 많이 읽으려고 욕심내고 무언가 얻어 내는 데만 힘써 이것저것 바삐 보아 넘겨서는 안 된다.) 〈『栗谷全書』 권27, 擊蒙要訣, 讀書〉

체지신심體之身心

독서는 단순히 눈으로 책을 읽어 의미의 대강을 이해하는 데 그치는 것이 아니다. 사서四書와 같은 경서는 수기치인修己治人의 도道를 갖춘 글이다. 수기修己를 통해 도를 자기 안으로 갖추어야 한다. 온전히 수양하여 자기 안에 도를 갖춘 후에 도를 갖추지 못한 범박한 사람들을 도로써 다스려야 한다. 그런 까닭에 경서 읽기는 단순히 많이 읽고 안다는 것에 그쳐서는 안 된다. 글 속에 새겨놓은 성인의 말씀, 즉 도를 몸과 마음으로 온전하게 체득해야만 이를 실천으로 옮길 수 있게 된다. 경서에서 말하는 도를 꿰뚫어 이해한 후, 이를 몸과 마음으로 체득할 때 진실로 실천이 가능하게 된다. 율곡은 군왕에게 몸과 마음으로 도를 체득하는 수기치인의 독서를 강조하고 있다.

출처

臣不知殿下至今尙置左右 而省覽不倦歟 大學, 論語, 孟子斯三書者 修己治人之道 罔不備載 讀此三書而不知道 所謂雖多亦奚以爲 今殿下於此三書 旣已貫穿融會矣 何不**體之身心** 眞踐其域 使生民得蒙至治之澤乎(전하께서는 지금도 이것[敬,正心]을 좌우에 두시고 살피기를 게을리하지 않으신지 모르겠습니다. 『대학』, 『논어』, 『중용』 이 세 가지 책에는 자기 스스로 닦고 남을 다스리는 도가 모두 실려 있지 않은 것이 없습니다. 이 세 가지 책을 읽고도 도를 알지 못한다면 이른바 "비록 많이 안다고 하더라도 무슨 소용이 있겠는가?"하는 경우가 됩니다. 지금 전하께서는 이 세 가지 책에 대하여 이미 꿰뚫어 두루 이해하고 계십니다. 어찌하여 **몸과 마음으로 그것을 체득하여** 그 경지를 진실로 실천함으로써 백성들로 하여금 지극한 다스림의 혜택을 받도록 하시지 않습니까.) 〈『栗谷全書』 권4, 疏箚, 代白參贊仁傑論時事疏〉

체찰일구體察一句

'체찰일구體察一句'는 성찰적 독서를 말하는 것이다. 올바른 독서의 자세를 갖추고 숙독하고 완미하여 글 속의 의미를 제대로 이해하는 과정을 갖추었다면 이를 자신에게로 돌려야 한다. 즉 성찰적 독서가 필요하다. 성찰적 독서는 글 속의 도리를 독자 스스로 터득해 가는 과정이라 할 수 있다. 이렇게 될 때 비로소 도道와 독자가 하나가 되어 도의 실현이 이루어지며 무엇을 하든 순리에 맞아 떨어지게 된다. 성찰적 독서를 통한 효용성까지 밝힌 셈이 된다. 율곡은 「성학집요」 〈수기修己〉장에서 주자의 독서법을 인용하여 독서를 통한 수기와 그 효용성까지 제시하고 있다.

출처

(朱子曰)讀書 須要斂身正坐 緩視微吟 虛心涵泳 涵泳 是熟讀深玩之謂 切己省察 讀一句書 須體察這一句 我將來甚處用得(주자가 말하기를, '독서할 적에는 반드시 몸가짐을 가다듬고 단정하게 앉아 눈으로 가만히 보고 나지막이 읊조리면서 마음을 비운 채 푹 젖어 들어야 한다. 함영涵泳은 숙독熟讀하여 깊이 완미하게 됨을 말한 것이다. 자기 몸에 절실하게 성찰省察하여 한 구절의 글을 읽을 때는 모름지기 이 한 구절을 몸으로 터득해야 자신이 장래에 어디든지 쓸 수 있다.' 하였다.) 〈『栗谷全書』 권20, 聖學輯要, 修己〉

택우정최급擇尤精最急

글을 읽을 때 눈으로만 좇아간다면 글 속에 담긴 의미를 찾을 수 없게 될 뿐만 아니라 의문조차 가질 수 없게 된다. 이러한 독서는 바삐 읽어 많이 얻는 데만 관심을 가질 뿐 힘써 자세하게 연구하는 독서 본연의 자세를 상실하게 한다. 율곡은 주자의 말을 인용하여 독서의 병폐를 말하고 있지만 이는 율곡 당대의 독서인들에 대한 비판이다. 따라서 바쁘게 읽어 많이 읽기에 욕심을 내지 말고 자신의 능력에 맞는 도서와 분량을 정해야 한다. 규모를 세웠으면 정밀한 읽기를 통해 글의 핵심을 찾아내야 한다. 독서는 윤곽만 살피고 지나가는 주마간산走馬看山격이 되어서는 안 된다. 치밀하게 다가가 핵을 건져낼 수 있는 독서가 되어야 한다.

◎출처

別立規模 將合看文字 **擇其尤精而最急**者(따로 규모를 세워 문자文字를 볼 적에, 더욱 정밀하고 가장 급急한 것을 가려내야 한다.) 〈『栗谷全書』 권20, 聖學輯要〉

통독通讀

통독通讀은 책이나 글을 처음부터 끝까지 내리 읽는 것을 말하지만 단순히 처음부터 끝까지 대충 눈으로 훑어본다는 의미는 아니다. 통독은 다독과 정독을 통해 글읽기에 익숙한 독자만이 할 수 있는 일이며, 눈의 멈춤이 없이 원활하게 이루어질 때 가능한 것이다. 정독은 글자와 낱말의 뜻을 하나하나 새기며 알아가는 자세히 읽기라는 점에서 미시적 독서가 될 수 있다. 이에 반해 통독은 개개의 나무 보기에 빠진 미시적 독서의 문제점을 극복할 수 있는 독서가 될 수 있다. 즉 개개의 가치가 만들어 놓은 고원高遠한 가치를 파악해야 한다. 그런 점에서 정독의 기초 위에서 거시적 읽기인 통독이 필요한 것이다. "날마다 읽은 것은 반드시 외우게 하고 일 년에 20차례 이상 직접 글을 읽게 하며, 날마다 통함과 불통함을 고찰하여 문서로 만들었다가 월말에 계문하게 하되, 5일마다 전에 5차례 수업한 것을 가지고 요량해서 통독 고강하여 통함과 불통함을 써서 월말에 아뢰게 하소서.(『세종실록』 권제92, 8장)"한 집현전에서의 강독법이 그 좋은 예가 될 수 있다.

출처

每一月朔 必須齊會五六日 <u>通讀</u>某書 實講義理 毋忘此箇實學 如是積功習熟 爲仁手段 以臻爲無最樂之境 至禱至禱(매월 초하루는 반드시 일제히 모여서 5, 6일 동안 <u>어떤 책을 통독해서</u> 의리를 실지로 강론하여 이 실학을 잊어버리지 말아라. 이렇게 공부를 쌓고 습관을 기르는 것으로 인을 실현하는 수단을 삼아 선을 닦는 것이 가장 즐겁다는 경지에 이르기를 더없이 빌고 비는 바이다.) 〈『栗谷全書』 권15, 雜著, 示精舍學徒〉

평심역기平心易氣

이치를 궁구하기 위해 정신을 집중하다보면 자칫 논리의 함정에 빠질 수 있다. 때로는 객관적 시각을 두고 바라볼 필요가 있다. '평심이기平心易氣'은 지나침[過度]을 경계하는 것이다. 너무 지나치게 신경쓰며 사색할 경우 오히려 얼마 지나지 않아 정신을 놓치게 되는 경우가 있다. 마음의 안정과 기운의 순화를 통해 정신을 한 곳에 모아 마음이 날뛰지 않게 해야 한다. 안정된 마음과 기운을 갖추고 난 후에 터득한 이치를 살펴야 온전하게 깨칠 수 있다.

◎ 출처

其於讀書也 必使之辨其音釋 正其章句 玩其辭 求其義 研精覃思 以究其所難知 **平心易氣** 以聽其所自得 然爲己務實 辨別義利 毋自欺 愼其獨之戒 未嘗不三致意焉(글을 읽을 적에는 반드시 음운音韻과 풀이를 분명히 하고 장구章句를 바르게 하였으며, 말을 완미하고 뜻을 탐구하게 하였다. 정밀하게 연구하고 깊이 생각하여 알기 어려운 것을 탐구하게 하고 마음을 안정시키고 기운을 편안하게 하여 스스로 터득한 것을 살피게 하였다. 그러나 위기지학爲己之學을 하여 무실역행務實力行하고 의義와 이利를 분별할 것이며, 자기를 속이지 말고 홀로 있을 때를 경계하라고 신신당부하지 않은 적이 없었다." 하였다.)
〈『栗谷全書』 권26, 聖學輯要, 聖賢道統〉

항성抗聲

일반적 독성에 있어 책의 내용을 외울 때, 눈으로 읽는 묵독默讀을 많이 하고 있다. 이는 시각으로만 기억하는 것이다. 반면 소리내어 읽을 경우, 시각의 기억뿐만 아니라 소리를 통해 귀로 기억하는 청각기억이 더해진다. 눈으로 읽는 것에 비해 소리내어 읽는 것은 더 많은 자극이 자신의 몸에 전달된다. 고인들이 책읽기에서 소리내어 읽기를 강조한 것은 책을 읽는 동안 글 쓴 사람의 기운이 그 소리를 타고 내게로 들어와 자연스레 그 기운을 얻을 수 있다고 믿었기 때문이다. 즉 성현의 글을 소리내어 읽음으로써 성현의 기운과 소통하여 성현의 말씀을 자신의 입을 통해 이해하고 깨닫게 되는 것이다. 그러므로 독서자에게 소리내어 읽기는 비단 기억의 증진만이 아니라 성현과 소통하기 위한 통로의 역할을 한다는 점에서 유효한 독서 방법이다.

◎ 출처

十六曰讀法 謂每月朔望 諸生齊會于學堂 謁廟行揖 禮畢後坐定 [師長若在 則坐于北壁 諸生則坐于三面] 掌議 [掌議有故 則有司或善讀書者代之] 抗聲讀白鹿洞教條及學校模範一遍 因相與講論 相勉以實功 [有師長則因以質疑] 如有議事則因講定(열여섯 번째는 글 읽는 방법이니, 매월 초하루와 보름에는 여러 유생들이 학당에 일제히 모여 문묘에 배알하고 읍하는 예를 마친 뒤 자리를 정하고 [스승이 있으면 북에 앉고 여러 생도는 삼면에 앉는다.] 장의 [장의가 유고 시에는 유사 혹은 글을 잘 읽는 자가 대리한다.] 가 소리를 높여 〈백록동교조白鹿洞教條〉 또는 〈학교모범〉을 한 번씩 읽는다. 그러고 나서 서로 토론하며 실질적인 공부로써 권면하고, [스승이 있으면 스승에게 질문한다.] 만일 의논할 일이 있으면 강론을 통하여 결정한다.) 〈『栗谷全書』 권15, 雜著, 學校模範〉

허명정일虛明靜一

'허명정일虛明靜一'은 송宋나라 진백陳栢의 『숙흥야매잠夙興夜寐箴』에 나오는 말이다. 새벽에 일어나 의관을 정제하고 단정한 몸가짐을 가다듬은 후에 갖추는 마음가짐이다. 독서는 이후의 일이다. 독서는 마음을 비워 밝게 하고 조용히 하기를 한결같이 한 후의 일이다. 즉 거경居敬을 통한 독서와 같다. 경敬이 되어야 마음이 곧게 되고 안정이 된다. 그럴 때 마음은 하나로 모일 수 있다. 그런 점에서 허명정일은 독서에 앞서 경의 자세와 같은 것으로 볼 수 있다.

○ 출처

本旣立矣 昧爽乃興 盥櫛衣冠 端坐斂形 提掇此心 皦如出日 嚴肅整齊 **虛明靜一** [右言晨興] 乃啓方册 對越聖賢 夫子在坐 顔曾後先 聖師所言 親切敬聽 弟子問辨 反復參訂 [右言讀書](근본이 섰거든 새벽에 일어나 세수하고 빗질하고 의관을 갖추고서, 단정히 앉아서 몸가짐을 가다듬고, 솟아나는 해처럼 밝게 마음을 추스려 엄숙하게 정제整齊하여 **밝게 비우고 고요히 하나로 모으라**. [이상은 새벽에 일어났을 때를 말한 것입니다.] 이에 책을 펴서 성현을 대한다면, 공자가 앉아 있고 안顔·증曾이 앞뒤에 있을 것이니, 성사聖師께서 말씀하신 자세한 내용을 경청하고 제자들이 묻고 변론한 것을 반복해서 참작하여 바르게 판단하라.) 〈『栗谷全書』 권20, 聖學輯要, 修己〉

허심평기虛心平氣

'허심虛心'은 단순히 마음을 비우는 것이 아니다. 그러기에 앞서 우선 고요한 곳에서 생각을 안으로 거두어야 한다. 생각을 거두고 마음을 비우지 않으면 자세히 볼 수 없다. 마음을 비우고 기운을 안정시켜야 글 속의 도리를 이해할 수 있게 되고 바른 이치를 사색할 수 있게 된다. '허심평기虛心平氣'는 책을 마주하기 전에 지녀할 마음 자세다. 책읽기에 앞서 마음을 비우고 기운을 고르는 까닭은 글 속 성현의 도리를 깨쳐 이를 올바르게 사색하기 위해서이다. 주자도 "진정 마음이 평온하고 기운이 조화로워야 바른 이치를 사색할 수 있다[庶幾心平氣和, 可以思索義理]."고 했다

◎ 출처

先要**虛心平氣** 熟讀精思 令一字一句 皆有下落 諸家註解 一一通貫 然後可以較其是非 以求聖賢立言之本意 雖已得之 亦更反復玩味 令其義理淪肌浹髓 然後乃可言學耳(먼저 마음을 비우고 기운을 고르게 한 다음에 숙독熟讀하고, 정밀하게 생각하여 글자마다 구절마다 모두 와 닿는 것이 있고 여러 어진 이의 주해註解도 일일이 꿰뚫어 이해하고 난 뒤에야 그 시비是非를 비교하여 성현이 말씀하신 근본 취지를 구할 수 있다. 이미 얻는다 하더라도 되풀이하여 완미해서 그 의리가 살[肌]에 배이고 골수에 젖어 든 뒤에야 학문한다고 말할 수 있을 것이다.) 〈『栗谷全書』 권20, 聖學輯要, 修己〉

허심함영虛心涵泳

'허심虛心'은 앞서 언급했듯이 생각을 거두어 마음을 비우는 일이다. '함영涵泳'은 그 다음의 일이다. 주자는 함영을 '숙독심완熟讀深玩'이라 했고 율곡도 주자의 말을 받아 『격몽요결擊蒙要訣』에서 '숙독심사熟讀深思'라 했다. 즉 익숙하게 읽어 그 뜻을 깊이 음미하고 생각하라는 말이다. 따라서 '허심함영'은 책을 대하기 전과 후의 자세나 방법을 말하고 있다. 책을 대하기 전에는 몸가짐을 단정하게 하여 방심한 마음을 거두는 허심을 갖추어야 한다. 그런 다음 책 속에 무젖어 글이 주는 깨달음을 생각하고 이를 음미하고 즐기는 함영에 이르러야 한다.

◎ 출처

(朱子曰)讀書 須要斂身正坐 緩視微吟 **虛心涵泳** 涵泳 是熟讀深玩之謂 切己省察 讀一句書 須體察這一句我將來甚處用得(주자가 말하기를, '독서할 적에는 반드시 몸가짐을 가다듬고 단정하게 앉아 눈으로 가만히 보고 나지막이 읊조리면서 **마음을 비운 채 푹 젖어 들어야 한다**. 함영涵泳은 숙독熟讀하여 깊이 완미하게 됨을 말한 것이다. 자기 몸에 절실하게 성찰省察하여 한 구절의 글을 읽으면 그 한 구절을 어디에서 쓸 수 있을까를 깊이 살펴야 한다.' 하였다.) 〈『栗谷全書』 권20, 聖學輯要, 修己〉

7. 寒岡의 경우

구이지공口耳之功

입으로만 되뇌고 귀로만 듣는 형식적인 글 읽기를 이르는 말이 구이지공口耳之功이다. 구이지공口耳之功은 입과 귀로만 하는 독서이므로 정밀하게 생각하는 독서인 정사지공精思之功과는 대가 된다. 전자의 글 읽기는 문장만 잘 기억하게 하는 것이므로 견강부회하여 자기주장만 고집하고, 외물에 얽매이는 독서인이 되게 한다. 후자의 글 읽기인 정사지공精思之功은 오직 깊은 경지로 들어가는 것이므로 미묘하고 심오한 이치를 깊이 탐구하는 독서인이 되게 한다. 구이의 독서는 한강 자신의 독서에 대한 성찰로 쓰였지만 실질로는 형식에 치우친 당대 독서인의 병폐를 지적한 말이다.

◎ 출처

謂庸學語孟之書 舊亦何嘗不熟讀而力索 顧其所講說者 終不過乎口耳也 今旣脫然而大悟 若醒醉而喚睡也 學惟貴於深造 何足道其强記也(선생께서는 말씀하시기를 "중용, 대학, 논어, 맹자 등의 글을 예전에도 익히 읽고 애써 탐구하지 않은 것은 아니나 그 당시 강론한 것은 아무래도 입으로만 되뇌고 귀로만 듣는 형식적인 공부에 지나지 않았는데, 이제는 이미 통상적인 범위를 넘어 크게 깨달아 마치 술에서 깨고 잠에서 깨어난 것 같다. 학문이란 오직 깊은 경지로 들어가는 것이 중요하니 문장을 잘 기억하는 것이야 무슨 말할 가치가 있겠는가.") 〈『寒岡先生文集』 권 10, 祭文, 祭德溪吳先生文〉

다과수의多寡隨意

독서는 분량을 많이 할수록 좋은 것인가? 그렇지 않다. 독서인 스스로가 자신의 역량에 맞게 많고 적음을 정해야 한다. 특히 독서는 많은 분량을 탐하지 말아야 한다. 언제나 자신의 역량에 여유가 있어야 한다. 왜냐하면 독서는 정밀하고 깊이 있게 해야 하기 때문이다. 주자도 '여러 책을 돌아가면서 읽고 싶다.'고 말한 정순에게 '그렇게 하지 말라. 모름지기 한 책을 철저하게 본 뒤에 다시 다른 책을 보아야 한다. 만약 이것저것 같이 보면 도리어 곤란을 겪게 된다. 지금 배우는 사람들은 자신의 역량을 헤아리지 않고 책을 보는데, 그 자신이 그 내용을 감당하지 못할까 염려된다.'고 했다. 다과수의多寡隨意는 분량을 탐하는 것을 경계하는 말이자 분량은 독서인 개인의 역량에 맞아야 한다는 말이다.

출처

呂氏學規 肄業當有常日記所習于簿 <u>多寡隨意</u> 如遇有幹輟業 亦書于簿 一歲無過百日 過百日者 同志共擯之(《呂氏鄕約》의 學規에 의하면, 학업을 익히는 것은 마땅히 일정한 법이 있어야 한다. 익힌 것을 매일 장부에 기록하되 <u>분량을 많이 하고 적게 하는 것은 각자의 생각대로</u> 한다. 만일 무슨 일이 있어 공부를 중단할 때는 그 사실도 장부에 기록하되 중단하는 기간은 1년에 100일을 넘을 수 없다. 100일을 넘긴 자는 함께 배우는 사람들이 다 같이 그를 제외시킨다) 〈『寒岡先生文集』 권9, 雜著, 契會立議〉

讀書求志

글을 읽으며 마음을 수양하는 것을 일러 독서구지讀書求志라 한다. 명암 이태일에 대해 '1888년(고종 25)에 효렴孝廉한 선비로 뽑혀 과거에 응시하기 위해 상경했으나 매관매직이 성행함을 보고 탄식하며 벼슬을 포기할 것을 부모에게 고告하고 독서구지讀書求志에 힘썼다.'고 한다. 이로 보아 독서구지讀書求志는 선비가 세상 명리에 뜻을 두지 않고 고향으로 돌아와 글을 읽고 마음을 수양하는 경우에 쓰는 말임을 알 수 있다. 한강은 독서구지讀書求志하는 생활 속에 나날이 공부가 깊이를 더해 가는 즐거움을 누리는 서행보徐行甫의 삶이 부럽다고 했다. 이로 보아 독서구지讀書求志의 삶은 독서인이 꿈꾸는 이상적인 삶인 듯하다.

출처

耳羨君結廬松楸之下 **讀書求志** 日有深造之樂 何由合并 得窺餘緖之一二耶(고향 선영의 아래에 집을 짓고서 **글을 읽으며 마음을 수양함**으로써 나날이 공부가 깊이를 더해 가는 즐거움이 있는 그대가 부럽습니다. 무슨 수로 우리 함께 어울려 성현의 가르침을 조금이나마 엿볼 수 있을지 모르겠습니다.) 〈『寒岡先生文集』 권3, 書, 答徐行甫思遠〉

독서철문讀書綴文

전통 독서에서는 독서철문讀書綴文과 쇄소응대灑掃應對 중 쇄소응대灑掃應對를 당연히 우선해야 한다고 한다. 한강도 독서와 문장을 짓는 독서철문讀書綴文보다 오직 물 뿌리고 쓸고 응대하고 나아가고 물러나는 쇄소응대灑

掃應對의 법도를 우선하였다. 그러나 독서철문讀書綴文이 현실적이고 또 과거시험과 관련된다는 점에서 외면만 할 수 없다는 것도 사실이다. 한강도 이 점에 대해 고민한 흔적이 보인다. "선비는 과거시험을 대비한 공부를 하지 않을 수 없으나 과거시험 이외에도 옛사람의 이른바 위기지학爲己之學이란 것이 있다."고 하여 실리의 독서도 필요하다는 점을 인정하였다. 다만 우선순위로 볼 때 독서철문讀書綴文보다 쇄소응대灑掃應對가 우선 되어야 하는 것이 한강의 입장이다.

출처

先生敎人 不以<u>讀書綴文</u>爲貴 惟以灑掃應對進退中規爲先(선생은 사람을 가르치는 데에 있어 <u>독서와 문장 짓는 것</u>을 중시하지 않고 오직 물 뿌리고 쓸고 응대하고 나아가고 물러나는 등의 일상 예절이 법도에 맞는 것을 우선시하였다.) 〈『寒岡集』(4), 讀書, 李天封〉

독제일구讀第一句 심재제일구心在第一句

첫 번째 구절을 읽을 때는 마음이 그 첫 번째 구절에 머물러 있고, 두 번째 구절을 읽을 때는 마음이 그 두 번째 구절에 머물러 있다는 뜻이 독제일구讀第一句 심재제일구心在第一句이다. 이것은 정신을 한 곳에 모으고 마음을 날뛰게 하지 않는 경敬의 독서 자세를 이른 말이다. 독서인이 처음에는 모든 것을 다 할 수 있듯이 스스로 말하지만 나중에 보면 하나의 일도 하지 못한다. 이것은 독서인이 경敬의 독서 자세인 전일專一한 자세를 취하지 못하고 다만 많은 분량을 탐해 널리 보려하기 때문이다. 이상적 독서인이라면 이 한 구를 읽으면 이 한 구를 철저히 이해하고, 이 한 장을 읽으면 이 한 장을 철저히 이해하여야 한다. 모름지기 한 장을 철저하게 이해해야 비로소 다른 장을 볼 수 있다. 이것을 읽으면서 다른 장, 다른 구는 생각할 필요가 없다.

◎ 출처

竊瞯先生讀書時 讀第一句 心在第一句 讀第二句 心在第二句 讀未畢 雖有急速 未嘗遽起 讀旣畢 輒整卷危坐 沉吟良久 而後酬應他事(선생이 독서하는 것을 한 번 엿보았더니, 첫 번째 구절을 읽을 때는 마음이 그 첫 번째 구절에 머물러 있고 두 번째 구절을 읽을 때는 마음이 그 두 번째 구절에 머물러 있었다. 읽기를 다 마치지 못했을 때는 아무리 다급한 일이 있더라도 중단하고 일어난 적이 없었으며 읽기를 다 마치면 곧 책을 똑바로 정돈하고 꿇어 앉아 한참 동안 그 내용을 다시 뇌인 뒤에 다른 일에 응대하였다.) 〈『寒岡集』(4), 讀書, 文緯〉

독지여하讀之如何

글이란 어떤 시각으로 읽느냐가 중요하다를 이르는 말이 독지여하讀之如何이다. 이기관서以己觀書, 이서관서以書觀書 등의 말들은 모두 어떠한 시각으로 책을 읽을 것인가와 관련된 말들이다. 이기관서以己觀書는 독서인이 자기의 주관을 세워 책을 읽어야 한다는 말이다. 이서관서以書觀書는 작자의 주장을 따라 책을 읽어야 한다는 말이다. 맹자는 이의역지以意逆志를 통해 작자의 마음으로 작자의 뜻을 받아들여야 한다고 하여 이서관서以書觀書의 입장을 보였다. 주자도 이서관서以書觀書의 입장을 바람직한 독서인의 자세로 보았다. 청장관 이덕무도 작자의 빙의를 비유로 삼아 이서관서以書

觀書의 입장을 세웠다. 한강의 독서관도 이기관서以己觀書가 아닌 이서관서以書觀書의 입장인 듯하다. 한편 독자의 주관이 중시되는 오늘날 독서에서라면 이기관서以己觀書의 입장이 더 권장되는 시각이라 하겠다.

◎ 출처

先生嘗讀史書 緯取以尹和靖事告之 先生笑曰 程先生之意 別有在也 若一切以是爲戒 則何以通古今治亂之故 別人物臧否之迹 只看吾**讀之如何** 若是爲玩賞之資 則甚不可也(선생이 일찍이 사서史書를 읽고 있을 때 내가 감히 윤화정尹和靖의 일을 가지고 말씀을 올리자, 선생은 웃으며 말하기를, "정선생程先生의 뜻은 따로 있다. 그런데 만일 일체 그 드러난 말씀만을 경계로 삼는다면 어떻게 고금의 치란에 관한 원인을 알고 인물의 선악에 관한 자취를 구별할 것인가. **글이란 나 자신이 어떤 시각으로 읽느냐가 중요하다**. 그처럼 즐길 거리로 삼는다면 매우 옳지 않다."하였다.) 〈『寒岡集』(4), 讀書, 文緯〉

반복성송反覆成誦

독서의 방법은 한 번 읽으면 또 한 번 생각하고, 한 번 생각하면 또 한 번 읽는 것이다. 주자는 읽어서 외우는 것은 사유를 돕는 수단으로 늘 이 마음이 전면에서 부지런히 활동하게 한다고 했다. 읽고 또 읽다 보면, 그 과정에서 이를 암송하다 보면, 잠깐 사이에 깨닫지 못했던 것도 자연히 깨닫게 되고, 이미 깨달은 것도 더욱 더 단맛이 느껴진다. 만약 읽는 것이 익숙하지 않으면 이런 단맛은 하나도 없게 된다. 그러므로 독서 방법으로 많이 반복해서 읽는 것이 귀하며, 이를 암송하는 것이 귀하니 반복해서 읽고 이를 암송하여 글을 깊이 읽는 것 외에는 특별한 방법이 없다.

◎ 출처

先生嘗敎學者曰 讀書須要**反覆成誦** 沈潛玩索 以自得焉 古人云 千周萬遍 其義自見 今之學者 却不要熟 只恁麽草草看過 便自爲足 是雖句讀之學 亦且不及於古人也(선생이 일찍이 배우는 이에게 가르치기를, "독서할 적에는 모름지기 **반복하여 읽어서 암송하고** 깊이 음미하여 스스로 터득해야 하니, 옛사람은 이르기를, '천 번을 읽고 만 번을 읽으면 그 뜻이 저절로 드러난다.'하였다. 그런데 지금 배우는 자들은 익숙하게 읽지 않고 그저 이렇게 대충 보아 넘기면서 만족하고 있으니, 이렇게 하면 구두를 배우는 데에 있어서 조차 옛사람에 미치지 못할 것이다." 하였다.) 〈『寒岡集』(4), 讀書, 최백경〉

불작간섭不作干涉

글을 읽는 자가 정작 자신과 전혀 무관한 것으로 여긴다는 말이 불작간섭不作干涉이다. 독서를 하는 것의 목적은 도리를 이해하여 자기의 완성을 이루려는 것이다. 자기완성을 이룬다는 것은 선천적으로 자신의 내면에 갖춘 도리를 경험하고 실천하는 일이다. 만약 읽는 책과 자신을 둘이면서 하나로 인식하지 못한다면 이는 독서의 진정한 목적을 이해하지 못한 경우이다. 글을 읽는 자가 자신을 그 내용과 연계하여 보지 않으면 독서를 통한 자기완성의 길은 찾을 수 없다. 독서를 통한 자기완성의 길을 찾아 가기 위해서는 진정한 마음으로 책과 자신을 연계해야 한다. 인성함양을 위한 독서에서라면 불작간섭不作干涉은 명백히 독서 병폐에 해당한다.

출처

伏讀來書 以爲四書章句 無非深切著明者 而讀之者與自己分上 頗無干涉 此固近世學者之大病 高明發之至此 可謂切中膏肓 然讀之者自不作干涉看了 使此人讀此書 亦未眞能作干涉看了(보내오신 편지를 삼가 읽어보니, 사서장구四書章句는 그 가르침이 절실하고 분명하지 않은 것이 없는데도 불구하고 그 글을 읽는 자는 정작 자신과 전혀 무관한 것으로 여긴다는 말씀은 진정 근세에 학문하는 자들의 큰 병폐입니다. 그런데 고명께서 이 문제를 이렇게까지 밝히셨으니 고황膏肓에 꼭 들어맞는 처방이라 할 수 있습니다. 그러나 실제 글을 읽는 자가 자신을 그 내용과 연계하여 보지 않으니, 이와 같은 사람에게 지금 발간하려는 글을 읽게 하더라도 진정한 마음으로 자신과 연계하여 보지 못할 것입니다) 〈『寒岡先生續集』 권2, 書, 答成浩原渾)〉

붕우강습朋友講習

문을 닫고 혼자 독서하는 것과 벗들과 함께 독서하는 것에는 어떠한 차이가 있는가? 전자를 폐호독학閉戶獨學이라 하고 후자를 붕우강습朋友講習이라 하면, 폐호독학閉戶獨學에서는 숙독을 통해 저절로 얻는 것이 있게 되고 또한 저절로 의심나는 것을 갖게 된다. 붕우강습朋友講習에서는 폐호독학閉戶獨學의 독서에서 자연스럽게 생긴 의심을 주제로 벗들과 강론하고 논쟁하게 된다. 이상적인 독서는 폐호독학閉戶獨學과 붕우강습朋友講習을 병행하는 것이며, 이 둘을 병행할 때 벗끼리 어울려 강론하며 익히는 붕우강습朋友講習의 진정한 즐거움 또한 있을 수 있다. 폐호독학閉戶獨學 없이 먼저 사색하여 의심거리부터 찾아서 토론하게 하는 것은 잘못된 것이다. 주자도 일찍이 폐호독학閉戶獨學과 붕우강습朋友講習이 함께 병진할 때 진정 유익한 독서가 된다고 했다.

◎ 출처

今日只合先從四書 熟讀而精思之 以爲體驗躬行之助 不亦可乎 且閉戶獨學 不如**朋友講習**之樂 每念君發憤追隨 可以有相發之助 而居旣不邇 不能如願 徒有向風馳想而已(지금은 다만 사서四書부터 익히 읽고 정밀하게 사색하여 이치를 깊이 체득하고 몸소 실천하는 데에 도움이 되도록 하는 것이 옳지 않겠는가. 그리고 문을 닫고 혼자 배우는 것이 벗끼리 어울려 강론하며 익히는 즐거움이 있는 것보다 못한 것이네. 그대가 마음을 굳게 먹고 나와 함께 어울려 지내면 서로 진보하는 도움이 있을 것이라고 항상 생각하지만 살고 있는 곳이 가깝지 않아 소원대로 하지 못하니, 그저 생각만 간절할 뿐이네) 〈『寒岡先生文集』 권5, 書, 答吳翼承長〉

소당연所當然 · 소이연所以然

사물 생성의 원인 · 이유를 소이연所以然 · 소이연지고所以然之故라고 부른다. 소이연이란 '그렇게 되는 까닭'이라고 풀이할 수 있는데, 모든 사물은 생성 원인 · 이유에 의해 생성된다고 할 때 사용되는 용어다. 한 사물이 마땅히 따라야 할 기준 또는 표준에 해당하는 말을 이른바 소당연所當然 · 소당연지칙所當然之則이라고 부른다. 소당연이란 '마땅히 그래야 하는 것'이란 의미다. 예를 들면 '무릇 배가 마땅히 물 위로 가야 하고, 수레가 마땅히 육지로 가야 하는 것과 같은, 수레가 수레 구실을 하게 하고 배가 배 구실을 하게끔 하는' 당위 원리를 말한다. 소당연과 소이연은 형이상학적 도리의 파악을 위해 독서인의 논리적 추론이 어떠한 단계를 거쳐야 하는지를 나타내는 말이다.

◎ 출처

先生於聖賢之書 無所不讀 而讀則必求所當然所以然而知之 知之則輒體認於心而爲踐履之地(선생은 성현의 글에 대해 읽지 않은 것이 없었는데, 글을 읽으면 반드시 그 내용의 도리로 보아 당연한 것과 그렇게 된 까닭을 탐구하여 알았으며 그것을 안 뒤에는 곧 마음에 체득하여 실천하는 바탕으로 삼았다.) 〈『寒岡集』(4), 讀書, 郭近〉

숙독정사熟讀精思

읽고 또 생각하고, 생각하고 또 읽다 보면 자연히 글의 의미를 알게 된다. 만약 읽으면서 생각하지 않으면 또한 그 의미를 알지 못하며, 생각만 하면서 읽지 않는다면 비록 깨달았더라도 결국 위태로워 안정되지 못한다. 만약 글을 익숙하게 읽고 또 정밀하게 생각하면 자연히 마음과 이치가 하나가 되어 길이 잊히지 않게 된다. 주자는 이를 과일을 먹는 것에 비유하였다. 처음에 과일을 막 깨물면 맛을 알지 못한 채 삼키게 된다. 그러나 모름지기 잘게 씹어 부서져야 맛이 저절로 우러나고 이것이 달거나 쓰거나 감미롭거나 맵다는 것을 알게 되니 비로소 맛을 안다고 할 수 있다. 자고로 글은 깊이 읽는 것을 귀하게 여긴다.

◎ 출처

今日只合先從四書 熟讀而精思之 以爲體驗躬行之助 不亦可乎 且閉戶獨學 不如朋友講習之樂 每念君發憤追隨 可以有相發之助 而居旣不邇 不能如願 徒有向風馳想而已(지금은 다만 사서四書부터 익히 읽고 정밀하게 사색하여 이치를 깊이 체득하고 몸소 실천하는 데에 도움이 되도록 하는 것이 옳지 않겠는가. 그리고 문을 닫고 혼자 배우는 것이 벗끼리 어울려 강론하며 익히는 즐거움이 있는 것보다 못한 것이네. 그대가 마음을 굳게 먹고 나와 함께 어울려 지내면 서로 진보하는 도움이 있을 것이라고 항상 생각하지만 살고 있는 곳이 가깝지 않아 소원대로 하지 못하니, 그저 생각만 간절할 뿐이네) 〈『寒岡先生文集』 권5, 書, 答吳翼承長〉

쇄소응대灑掃應對

물을 뿌려 쓸고 응대한다는 뜻으로, 집 안팎을 깨끗이 거두고 웃어른의 부름이나 물음에 응하여 상대함을 이르는 말이 쇄소응대灑掃應對이다. 한강은 독서철문讀書綴文보다 쇄소응대灑掃應對를 우선하였다. 한강에게 쇄소응대灑掃應對가 제1의 일이며, 제2의 일이 독서철문讀書綴文이다. 이것은 남명의 생각에서도 보인다. 남명은 천상의 이치를 말하기에 앞서, 고인의 경전을 읽기에 앞서 독서인은 손으로 물 뿌리고 비질하는 절도를 우선하여야 한다는 것을 강조하였다. 그가 말한 쇄소응대洒掃應對 혹은 쇄소지절洒掃之節이 그러한 예이다. 남명과 한강이 본 독서인과 쇄소응대灑掃應對의 관계는 실천을 소홀히 하고 정보 습득의 독서만을 강조하는 등 균형을 상실한 오늘날 독서인들에게 뜻하는 바가 크다.

◎ 출처

先生教人 不以讀書綴文爲貴 惟以灑掃應對進退中規爲先(선생은 사람을 가르치는 데에 있어 독서와 문장 짓는 것을 중시하지 않고 오직 물 뿌리고 쓸고 응대하고 나아가고 물러나는 등의 일상 예절이 법도에 맞는 것을 우선시하였다.) 〈『寒岡集』(4), 讀書, 李天封〉

심조지악深造之樂

글을 읽으며 마음을 수양함으로써 나날이 공부가 깊이를 더해 가는 데서 얻는 즐거움을 나타낸 말이다. 독서해야 하는 까닭은 무엇보다 우리가 아직 충분히 도리를 경험하지 못했기 때문이다. 성인은 많은 것을 경험을 통해 이해하였고 그래서 그 이해한 것을 책에 기록하여 사람들에게 보여준 것이다. 그러므로 독서는 단지 충분한 도리를 이해하려는 행위이다. 도리의 이해와 함께 독서하는 까닭은 즐거움을 누리기 위해서이기도 하다. 두원개杜元凱는 독서의 심미적 즐거움에 관해 "여유롭게 푹 빠져서 스스로 도리를 추구하게 하고, 물리도록 넉넉하여 스스로 도리를 좇아가게 하면, 마치 강과 바다가 넘실대듯, 기름진 땅에 윤택함이 넘치듯, 좌악 얼음은 풀리게 되고, 사르르 이치는 따라오게 되니, 그러면 도리는 얻어지게 된다."고 했다. 독서의 관점에서 보면 심조지악深造之樂은 도리를 이해하여 인간의 완성을 이루고자 하는 독서에서 얻는 독서인의 심미적 즐거움을 가리키는 말이다.

◎출처

耳羨君結廬松楸之下 讀書求志 日有深造之樂 何由合幷 得窺餘緖之一二耶(고향 선영의 아래에 집을 짓고서 글을 읽으며 마음을 수양함으로써 나날이 공부가 깊이를 더해 가는 즐거움이 있는 그대가 부럽습니다. 무슨 수로 우리 함께 어울려 성현의 가르침을 조금이나마 엿볼 수 있을지 모르겠습니다.) 〈『寒岡先生文集』 권3, 書, 答徐行甫思遠〉

완상지자玩賞之資

독서는 즐기기 위한 완상의 독서, 글을 짓고 과거시험을 보기 위한 실리의 독서, 도리를 체인하고 실천하기 위한 수양의 독서 등으로 구분 가능하다. 한강은 무엇보다 "독서를 귀하게 여기는 것은 장구章句를 표절하여 문장이나 만들고 과거 시험에 급제하기만을 위해서가 아니다."고 하여 실리의 독서를 귀하게 여기지 않았다. 또한 "즐길 거리로 삼는다면 매우 옳지 않다."고 하여 완상의 독서의 경우는 강하게 부정을 하였다. 반면 성현의 경전을 읽는 체인體認 · 체찰體察 · 체험體驗 · 체행體行의 독서 곧 수양의 독서를 가장 귀하게 여겼다. 한강은 완상지자玩賞之資의 독서, 문장취과文章取科의 독서보다 체인천리體認踐履의 독서를 가장 귀하게 여겼다.

◎출처

先生嘗讀史書 緯取以尹和靖事告之 先生笑曰 程先生之意 別有在也 若一切以是爲戒 則何以通古今治亂之故 別人物臧否之迹 只看吾讀之如何 若是爲玩賞之資 則甚不可也(선생이 일찍이 사서史書를 읽고 있

을 때 내가 감히 윤화정尹和靖의 일을 가지고 말씀을 올리자, 선생은 웃으며 말하기를, "정선생程先生의 뜻은 따로 있다. 그런데 만일 일체 그 드러난 말씀만을 경계로 삼는다면 어떻게 고금의 치란에 관한 원인을 알고 인물의 선악에 관한 자취를 구별할 것인가. 글이란 나 자신이 어떤 시각으로 읽느냐가 중요하다. 그처럼 즐길 거리로 삼는다면 매우 옳지 않다."하였다.) 〈『寒岡集』(4), 讀書, 文緯〉

이단지서異端之書

독서에서는 어떠한 책을 어떠한 순서로 읽을 것인가가 중요하다. 독서는 단계를 뛰어넘지 않아야 하고, 경솔하게 대충하지 않아야 하며, 순서에 의해 정해진 대로 해야 하기 때문이다. 단계에 맞게 독서를 하면 영인이해迎刃而解와 같이 다른 책도 쉽게 읽을 수 있다. 이 때 이단異端의 책을 읽을 것인가 말 것인가는 중요하다. 대체로 전통 독서론에서는 경전經傳과 사서史書를 권장하였고 노자, 장자, 양주, 묵적의 책은 이단지서異端之書로 필독서 목록에서 배제하였다. 주자는 『논어』『맹자』『중용』『대학』을 읽고 그 뒤에 역사책인 『사서』『좌전』『한서』『후한서』『삼국지』『통감』 등을 차례로 읽으라 하였다. 그러나 한강은 이단의 책도 단계별 독서에 포함하여 읽고 그들이 이단이 되는 까닭을 안 이후에야 보지 않았다. 이렇게 보면 한강은 단계별 독서를 따르면서도 기존의 틀에 갇힘이 없이 스스로 도리를 터득하고자 하였다는 것을 알 수 있다.

◎ 출처

異端之書 亦無不涉獵 究知其所以爲異端之故 然後輒不復看(선생은 이단異端의 서적도 섭렵하지 않은 것이 없었으나 그것이 이단이 되는 까닭을 탐구하여 알고 난 다음에는 그만 더 이상 보지 않았다.)
〈『寒岡集』(4), 讀書, 張興孝〉

인문추리因文推理

독서인이 어떠한 관점으로 독서를 하느냐는 매우 중요한 쟁점이다. 자신을 기준으로 책을 보느냐[以己觀書], 책을 기준으로 책을 보느냐[以書觀書]의 문제이다. 이육李堉은 한강의 독서에 대해 '문자로 이치를 추리하는 인문추리因文推理 독서'라고 했다. 인문추리因文推理는 이기관서以己觀書가 아닌 以書觀書의 독서 관점이다. 독서는 책을 통해 독서인 자신의 기존 지식을 확인하는 과정이 아니다. 독서는 미지의 새로운 지식을 독서인의 내면에 확충하는 과정이다. 이기관서以己觀書는 자신을 기준으로 책을 보기 때문에 독서인의 선지식을 책을 통해 다만 확인하는 것일 뿐이다. 반면 이서관서以書觀書는 글로서 글을 보기 때문에 새로운 지식을 독서인의 내면에 확충하는 것이다. 따라서 문자로 이치를 추리하는 인문추리因文推理는 이서관서以書觀書의 독서로 이상적인 독서이다. 주자도 "글로 글을 보고 사물로 사물을 보아야 하니 먼저 자신의 견해를 내세우지 않아야 한다.[以書觀書 以物觀物 不可先立己見]"고 했다. 인문추리因文推理는 마음을 비우고[虛心] 작자의 주장을 기준으로 작자의 주장을 보아야 한다는 당위명제이자 독서인의 뜻을 작자의 말에 견강부회하는 것에 대한 경계이다.

출처

先生讀書 必究大義 爲詞章 不事世俗陳腐之態 <u>因文推理</u> 就辭着實 一時流輩 鮮有及之者 德溪甚愛重之 亟稱道之 搢紳之來過黌堂者 見先生言行文章 皆知其他日必爲大儒(선생은 글을 읽을 때는 반드시 그 대의大義를 탐구하고 문장을 지을 때는 세속의 진부한 작태를 따르지 않았다. 곧 <u>문자로 인해 이치를 추리하고</u> 문장의 내용을 실제와 부합되게 하였는데, 그 당시 동류 중에는 그에 미치는 자가 없었으므로 덕계德溪는 매우 사랑하고 소중히 여겨 자주 칭찬하였다. 학당을 찾아온 사대부들이 선생의 언행과 문장을 보고 모두 후일에 반드시 대유大儒가 될 것임을 알았다) 〈『寒岡集』(4), 讀書, 李堉〉

지경공부持敬工夫

공경함 · 엄숙함 또는 삼가다 등의 뜻으로 경敬은 풀이 된다. 한강은 제자가 글을 한 번 읽고 뒤돌아서면 까마득히 잊어버린다고 하자 그 처방으로 지경공부持敬工夫가 필요하다고 했다. 독서와 지경持敬이 불가분의 관계임을 명시한 것이다. 주자는 선배들이 '독서는 경건해야 한다.'고 말한 것에 대해 '독서는 모름지기 경건해야 하며, 경건함은 정신을 한 곳에 모으고 마음을 날뛰게 하지 않는 것이다.'고 했다. 퇴계는 '사람은 생각이 없을 수 없는 것이나, 다만 쓸데없는 생각은 버려야 한다. 그러기 위해서는 경敬만한 것이 없으니 경敬하면 마음은 곧 한결같고, 마음이 한결같으면 생각은 저절로 고요해질 것이다.'고 했다. 이처럼 독서에서 지경공부持敬工夫는 마음을 하나로 집중[專一]하는 공부라 하겠다. 그래야 이 한 구를 읽으면 우선 이 한 구를 철저히 이해할 수 있고, 이 한 장을 읽으면 우선 이 한 장을 철저히 이해하는 것이 가능하다.

◎ 출처

問未嘗不讀書 而讀了後 便全然忘却 奈何 先生日 持敬工夫 何處不宜 而讀書時尤覺有味 君試行之 有別(선생에게 묻기를, "일찍이 글을 읽지 않은 것도 아닌데 한번 읽고 난 뒤에는 그것을 까마득히 잊어버리니 이는 무슨 이유입니까?" 하니, 선생은 말씀하기를, "지경持敬 공부가 어떤 경우라고 적합하지 않겠느냐만 글을 읽을 때 그 맛을 더 절실히 느낄 수 있다. 그대는 시험 삼아 그렇게 해보도록 하라. 분명히 다를 것이다." 하였다.) 〈『寒岡集』(4), 讀書, 文緯〉

지요정숙只要精熟

오직 정밀하고 익숙해지도록 읽는 것을 지요정숙只要精熟이라 한다. 정精은 정독精讀을 숙熟은 숙독熟讀이다. 정독은 살피고 또 살피며, 인식하고 또 인식하는 것을 말한다. 이렇게 하는 것은 글자마다에서 큰 꿰맨 틈새 곧 이해의 실마리를 발견하고, 이를 통해 도리를 철저하게 연구하고 글의 맥락을 포착하기 위해서이다. 또한 모름지기 숙독해야 한다. 숙독하면 글의 이해도 저절로 정밀해지고 깊어진다. 정밀해지고 깊어진 뒤에라야 이치를 저절로 이해할 수 있게 된다. 주자는 숙독을 과일을 먹는 것에 비유하였다. "처음에 과일을 막 깨물면 맛을 알지 못한 채 삼키게 된다. 그러나 모름지기 잘게 씹어 부서져야 맛이 저절로 우러나고, 이것이 달거나 쓰거나 감미롭거나 맵다는 것을 알게 되니, 비로소 맛을 음미한다고 할 수 있다." 글의 이치를 분석하고 그 이치의 의미를 알기 위해서는 지요정숙只要精熟이 반드시 필요하다.

◎ 출처

先生曰 讀書不要多 只要精熟 不熟則不能得其義 不精則不能察其理(선생은 말씀하기를, "글을 읽을 때는 분량에 치중하지 말고 오직 정밀하고 익숙해지도록 하여야 한다. 익숙하지 않으면 그 의미를 알 수 없고 정밀하지 않으면 그 이치를 살필 수 없다."하였다.) 〈『寒岡集』(4), 讀書, 孫處訥〉

체인體認 · 체찰體察 · 체험體驗 · 체행體行

성현의 경전을 읽는 참된 방법으로 체인體認 · 체찰體察 · 체험體驗 · 체행體行을 제시하였는데 이것을 일러 한강의 독서사법이라 한다. 체인體認은 온몸으로 인식하는 것으로 대개 책 속의 도리道理를 인식하는 것이며, 體察은 온몸으로 성찰하는 것으로 도리道理의 습득을 확인하는 것이며, 체험體驗은 온몸으로 시험하는 것으로 도리道理를 사물로 접하는 것이고, 그리고 체행體行은 온몸으로 실천하는 것으로 도리道理를 실천에 옮기는 것이다. 독서사법은 성인의 경전을 읽는 방법으로 글의 의미를 분명히 알 수 있게 하는 것이며, 독서인의 몸과 마음에 이익이 되게 하는 것이다. 한강의 독서사법과 학문을 하는 데에 필요한 요점 다섯 가지[爲學之要五]는 나란히 그의 교육이념과 방법론을 나타낸다.

◎ 출처

先生語學者曰 所貴乎讀書者 非爲剽竊章句 以成文章取科第而已 讀聖賢經傳 其法有四 一曰體認 二曰體察 三曰體驗 四曰體行 苟不用此四法 其義亦無以通曉 況於吾身心有何益焉 古人鸚鵡之譏 可不懼哉

(선생이 학자에게 이르기를, "독서를 귀하게 여기는 것은 장구章句를 표절하여 문장이나 만들고 과거 시험에 급제하기만을 위해서가 아니다. 성현의 경전을 읽는 데에는 그 법이 네 가지가 있는 데, 첫째는 체인體認이고 둘째는 체찰體察이고 셋째는 체험體驗이고 넷째는 체행體行이다. 만일 이 네 가지 법을 따르지 않는다면 그 글의 의미도 분명히 알 수 없는데 더구나 자기의 몸과 마음에 무슨 이익이 되겠는가. 앵무새처럼 입으로만 따라한다는 옛사람의 비난이 어찌 두렵지 않겠는가."하였다.) 〈『寒岡集』(4), 讀書, 郭近〉

체인천리體認踐履

독서인이 도리로서 소당연所當然과 소이연所以然을 안 뒤에는 곧 마음에 체득하여 실천하는 바탕으로 삼는다는 말이 체인천리體認踐履이다. 한강은 체인體認 · 체찰體察 · 체험體驗 · 체행體行의 독서사법을 강조하였다. 체인體認은 온몸으로 인식하는 것으로 대개 책 속의 도리道理를 인식하는 것이며, 천리踐履는 체행體行과 같은 말로 온몸으로 실천하는 것으로 도리道理를 실천에 옮기는 것이다. 이로 보면 체인천리體認踐履는 체인體認 · 체찰體察 · 체험體驗 · 체행體行의 독서사법 중 처음과 끝을 강조한 말이다. 인식 수준의 체인 독서는 독서의 시작일 뿐이며, 체인 수준의 독서가 실천적 · 수양적 독서로 완성되기 위해서는 천리 곧 체행이 필요하다는 것을 의미한다. 체인천리體認踐履는 실천적 · 수양적 독서의 모델이 되는 개념이다.

◎ 출처

先生於聖賢之書 無所不讀 而讀則必求所當然所以然而知之 知之則輒<u>體認</u>於心而爲<u>踐履</u>之地(선생은 성현의 글에 대해 읽지 않은 것이 없었는데, 글을 읽으면 반드시 그 내용의 도리로 보아 당연한 것과 그렇게 된 까닭을 탐구하여 알았으며 그것을 안 뒤에는 곧 <u>마음에 체득하여 실천하는 바탕으로 삼았다.</u>) 〈『寒岡集』(4), 讀書, 郭近〉

체험궁행體驗躬行

성현의 경전을 읽는 참된 방법으로 체인體認 · 체찰體察 · 체험體驗 · 체행體行을 제시하였는데 이것을 일러 한강의 독서사법이라 한다. 체험體驗은 온몸으로 시험하는 것으로 도리道理를 사물로 접하는 것이고, 궁행躬行은 체행體行의 다른 말로 온몸으로 실천하는 것으로 도리道理를 실천에 옮기는 것이다. 독서사법중 체험과 체행을 강조한 말이다. 체인 · 체찰과 분리하여 체험 · 궁행을 별도로 말한 것은 독서인의 실천적 행위를 강조하기 위해서이다. 그렇기 때문에 한강은 '사서四書부터 익히 읽고 정밀하게 사색하는 것'은 '이치를 깊이 체득하고 몸소 실천하는 데에 도움이 되도록 하기 위한 것'이라고 본다. 한강이 체험궁행體驗躬行과 함께 쇄소응대灑掃應對, 체인천리體認踐履 등을 강조한 것으로 보아 누구보다 실천과 수양을 강조하였음을 알 수 있다.

◎ 출처

今日只合先從四書 熟讀而精思之 以爲<u>體驗躬行</u>之助 不亦可乎 且閉户獨學 不如朋友講習之樂 每念君發憤追隨 可以有相發之助 而居既

不邇 不能如願 徒有向風馳想而已(지금은 다만 사서四書부터 익히 읽고 정밀하게 사색하여 이치를 깊이 체득하고 몸소 실천하는 데에 도움이 되도록 하는 것이 옳지 않겠는가. 그리고 문을 닫고 혼자 배우는 것이 벗끼리 어울려 강론하며 익히는 즐거움이 있는 것보다 못한 것이네. 그대가 마음을 굳게 먹고 나와 함께 어울려 지내면 서로 진보하는 도움이 있을 것이라고 항상 생각하지만 살고 있는 곳이 가깝지 않아 소원대로 하지 못하니, 그저 생각만 간절할 뿐이네) 〈『寒岡先生文集』 권5, 書, 答吳翼承長〉

추환지열芻豢之悅

풀을 먹는 짐승과 곡식을 먹는 짐승, 또는 그 고기를 일러 추환芻豢이라 한다. 추芻는 소와 양같이 풀을 먹는 짐승이며 환豢은 개와 돼지같이 곡식을 먹는 짐승이다. 이 말은 『맹자孟子』 〈고자상告子上〉에 보인다. '이理와 기氣가 우리 마음을 기쁘게 해 주는 것은, 마치 추환이 우리 입을 즐기도록 해 주는 것과 같다.'[理氣之悅我心 猶芻豢之悅我口]는 대목이 나온다. 한강은 이기理氣 대신 주자대전과 주자어류를 읽고 이런 기쁨을 표현하였다. 독서에서 얻는 심미적 즐거움을 이처럼 고기가 입을 즐겁게 해주는 데 비유한 것은 전통 독서론에서 흔히 보이는 하나의 관용적 표현이다.

◎ **출처**

先生嘗讀朱子大全語類等書 至忘寢食曰 孟子云 理義之悅我心 有芻豢之悅我口 吾於此書亦云 李先生(退溪先生)在洛中 始得見此書 便解官載而歸 平生得力 皆在此書 如此而後 方可謂讀書 以余觀之 退溪朱子後一人也 先生退溪後一人也(선생은 일찍이 주자대전과 주자어류

를 읽을 때 침식을 잊을 정도로 열심히 하며 이르기를, "맹자의 말씀에 '도리와 의리가 내 마음을 기쁘게 하는 것이 마치 <u>육고기가 내 입을 즐겁게 하는 것</u>과 같다.'하였는데, 나는 이 책에 대해 그렇게 말하고 싶다. 이 선생李先生 - 퇴계 선생 - 이 서울에 계실 적에 처음 이 책을 얻어 보시고는 곧 벼슬을 떠나 책을 싣고 고향으로 돌아오셨다. 이 선생이 평소에 힘을 얻으신 것은 모두 이 책 때문이었다. 이와 같이 하여야만 비로소 글을 읽었다고 말할 수 있을 것이다."하였다. 나의 소견으로 보면 퇴계는 주자 이후에 첫째가는 사람이고 선생은 퇴계 이후에 첫째가는 사람이다. 〈『寒岡集』(4), 讀書, 이서〉

친서미도親書味道

글을 대하고 도리를 음미한다는 말이다. 성인은 사람을 교화하면서 책을 읽게 했는데 그 이유는 대체로 독서인이 비록 도리를 갖추고 있더라도 모름지기 경험해야만 그 도리를 획득할 수 있기 때문이다. 책에서 성인이 말씀하신 것은 직접 경험한 것이다. 친서미도親書味道는 글을 읽는 것과 도리를 음미하는 것이 둘이면서 둘이 아닌 하나이어야 하는 점을 강조한 말이다. 도를 떠난 책 읽기는 한갓 도락적 행위일 뿐이며 책을 떠난 도의 음미는 우리가 대체로 아직 충분히 도를 경험하지 못하였기 때문에 불가능한 일이다. 글을 대하고 도를 음미하는 것이 서로 완전한 합일을 이룰 때 그러한 경지에서 독서인은 지극한 심미적 즐거움을 맛보게 된다.

◎ 출처

想吾尊兄棲泊寂寞之濱 疾病調護之暇 日有**親書味道**之樂 造詣之深 當非區區所敢測者 安得置身其傍 以資講磨之益耶 不勝歆想之至(우리 존형께서는 적막한 물가에 머물러 있으면서 병을 조리하는 여가에 **날마다 글을 대하고 도를 음미하는 즐거움**을 누리고 도의 경지로 들어간 그 깊이를 내가 감히 측량할 수 없을 것입니다. 어찌하면 내 몸이 그곳에 함께 어울려 학문을 강마하는 도움을 받을 수 있겠습니까. 흠모하는 마음 그지없습니다.) 〈『寒岡先生文集』 권3, 書, 答朴德凝〉

침잠완색沈潛玩索

마음을 가라앉혀서 깊이 생각하거나 몰입하는 것을 침잠沈潛이라 하고 글이 지닌 깊은 뜻을 생각하여 찾는 것을 일러 완색玩索이라 한다. 침잠완색沈潛玩索을 한마디로 말하면 깊이 음미하는 것을 이른다. 그런데 이처럼 글을 깊이 음미하기 위해서는 전제 조건이 있다. 그것은 반복성송反覆成誦이다. 반복하여 읽고 그것을 암송하여야 깊이 느끼고 생각하는 것이 가능하기 때문이다. 그래서 독서는 많이 반복해서 읽는 것과 암송하는 것을 귀하게 여긴다. 옛 성현들이 한 권의 책을 수천 번 수백 번 읽은 이유가 여기에 있는 것이다. 읽고 또 읽다 보면 잠깐 사이에 깨닫지 못했던 것도 자연히 깨닫게 되고, 이미 깨달은 것은 더욱더 단맛이 난다.

◎ 출처

先生嘗教學者曰 讀書須要反覆成誦 **沈潛玩索** 以自得焉 古人云 千周萬遍 其義自見 今之學者 却不要熟 只恁麽草草看過 便自爲足 是雖句

讀之學 亦且不及於古人也(선생이 일찍이 배우는 이에게 가르치기를, "독서할 적에는 모름지기 반복하여 읽어서 암송하고 깊이 음미하여 스스로 터득해야 하니, 옛사람은 이르기를, '천 번을 읽고 만 번을 읽으면 그 뜻이 저절로 드러난다.'하였다. 그런데 지금 배우는 자들은 익숙하게 읽지 않고 그저 이렇게 대충 보아 넘기면서 만족하고 있으니, 이렇게 하면 구두를 배우는 데에 있어서조차 옛사람에 미치지 못할 것이다." 하였다.) 〈『寒岡集』(4), 讀書, 최백경〉

필선지요必先知要

글을 볼 때는 반드시 먼저 핵심을 알아야 한다는 말이다. 만일 무엇이 핵심인 줄을 모르고 그저 널리 읽기만 한다면 장차 이것저것이 뒤섞여 스스로 무엇을 선택해야 할지 모르는 결과가 생기기 때문이다. 독서는 시간의 흐름에 따라 진행되는 인식 작용이다. 독서의 효율성은 독서인이 독서의 시간 계획을 어떻게 짜느냐에 따라 결정된다. 필선지요必先知要는 독서인이 무엇보다 먼저 글의 핵심을 철저하게 이해해야 한다는 것을 의미한다. 독서인이 먼저 글의 핵심을 철저하게 파악하면 이후의 글은 대나무가 쪼개지듯[迎刃而解]이 쉽게 이해 될 뿐만 아니라, 이것저것이 뒤섞이는 혼란은 없을 것이다.

◎ 출처

示喩以通達古今 爲初學之先務 而博觀諸家之書 其留意進學之功 如是甚善 然爲學必先知要 如不知要 而徒博之是務 則將不幾於汎濫駁雜 而不知所以自擇者乎(그대가 고금의 이치에 통달하는 것을 처음 배우는 자의 급선무로 여겨 제가의 서적을 두루 보고 있다 하였는

데, 학문을 진보시키는 공부에 이처럼 정신을 쏟는다는 것은 매우 훌륭하네. 그러나 학문을 할 때는 반드시 먼저 핵심을 알아야 하니, 만일 무엇이 핵심인 줄을 모르고 그저 널리 배우려고만 한다면 장차 이것저것이 뒤섞여 스스로 무엇을 선택해야 할지 모르는 결과가 생기지 않겠는가) 〈『寒岡先生文集』 권5, 書, 答吳翼承長〉

제3장

고전독서이론 용어 총람 및 유형 분류

제3장

고전독서이론 용어 총람 및 유형 분류

1. 용어 총람

여러 학자들의 고전독서이론 용어를 가·나·다 순으로 정리하고자 한다. 용어를 제시하는 원칙은 두 가지이다. 용어의 뜻풀이를 간략하게 한다는 점이 그 한 가지이고, 뜻풀이의 말미에 해당 학자의 이름을 표시한다는 점이 그 다른 한 가지이다. 이렇게 하면, 가·나·다 순을 통해 고전독서이론 용어의 뜻과 해당 학자의 이름을 일목요연하게 파악할 수 있으리라 본다.

ㄱ

看一書法 : 한 책을 보되 다 마치고 다른 책으로 바꾸어라.(율곡)

講貫心目 : 연구하여 관통하고 날마다 마음속으로 보고 있어야 한다.(주자)

講究所疑 : 동학들이 모여서 의문점을 강구한다.(퇴계)

居敬持志 : 책을 볼 때는 공경하여 뜻을 간직하도록 하라.(율곡)

擊首尾應 擊尾首應 : 머리를 치면 꼬리가 응하고 꼬리를 치면 머리가 응한다.(주자)

格致爲先 : 학문(독서)을 말하는 데는 반드시 격물치지로써 먼저 하라.(율곡)

抉開縫罅 : 작가의 꿰맨 틈새를 헤집어서 본다.(주자)

敬 : 마음을 하나로 모으는 정신 작용.(퇴계)

敬對方册 : 공경스럽게 책을 대하여 읽어라.(율곡)

經義證明 : 경전의 뜻이란 것은 바로 우리의 마음에 있는 것을 드러내고 보여 주는 것일 뿐이다.(장재)

敬以直內 : 경으로 마음을 곧게 하여 책을 읽어라.(율곡)

高拱危坐(端拱危坐) : 두 손을 모우고 단정하게 꿇어앉아 읽어라.(율곡)

鶻圇吞棗 : 독수리가 맛도 모르고 대추를 통째로 삼킨다.(퇴계)

觀書求意 : 책을 볼 때는 글쓴이의 뜻을 충분히 이해하려는 태도로 읽어야 한다.(장재)

觀書急處 : 책을 볼 때는 우선 핵심적인 것부터 이해해야 한다.(장재)

觀書了悟 : 책을 볼 때는 내가 그 책을 통해 직접 깨닫고, 그것을 실천을 통해 증험하는 것까지를 목표로 삼아야 한다.(장재)

觀書文勢 : 글자의 의미를 파악할 때는 문장의 앞뒤의 뜻을 살펴보아야 한다.(정이)

觀書不宜急迫 : 책을 볼 때는 조급하게 서두르지 않아야 한다.(장재)

觀書隨文害義 : 책을 볼 때는 글자에만 매이지 말고 그것을 통해서 책이 가지고 있는 뜻을 파악해야 된다.(정이)

觀書靜心 : 책을 볼 때는 마음을 고요하게 해서 읽어야 한다.(장재)

觀書推考 : 책은 여유를 갖고 뜻을 생각하면서 보아야 한다.(장재)

觀書遍布細密 : 책을 볼 때는 전체를 염두에 두고 보되 부분 또한 세밀하게 보는 것을 잊지 말아야 한다.(장재)

貫穿融會 : 책을 읽을 때는 꿰뚫어 두루 이해하도록 해야 한다.(율곡)

貫通無疑 : 숙독하여 의심이 없이 훤히 알 수 있도록 읽어라.(율곡)

求辨是非 : 시비의 분변을 구할 수 있는 독서를 하라.(율곡)

口耳之功 : 입으로만 되뇌고 귀로만 듣는 형식적인 글 읽기이다.(한강)

貴親炙之 : 책을 읽어가면서 그 내용이 무엇인지에 대해서 스스로 깨치려고 하는 노력이 필요하다.(정호)

克治存養 : 독서를 통해 능히 존심양성을 할 수 있도록 하라.(율곡)

勤苦爛熟 : 부지런히 힘써서 푹 익을 수 있게 읽어라.(퇴계)

襟懷洪大 : 책을 이해하려면 먼저 마음이 넓고 커야 한다.(장재)

急切尋求 : 마음을 급하게 먹고 미리 맞으려고 하면 얻는 것이 없다.(주자)

ㄷ

多寡隨意 : 독서는 분량을 많이 하는 것을 탐하지 말고 자신의 역량에 맞게 하여야 한다.(한강)

但易其心 : 책을 읽을 때는 마음을 온화하게 가져야 한다.(정이)

道理與心相肯 : 도리와 독서인의 마음이 서로 수긍되게 해야 한다.(주자)

讀史到一半 : 역사책을 읽을 때는 성패가 진정 올바른 방법으로 이루어진 것인지 아닌지 잘 살펴보아야 한다.(정이)

讀書格致 : 독서는 격치 중의 한 가지이다.(율곡)

讀書求志 : 글을 읽으며 마음을 수양한다.(한강)

讀書窮理 · 讀書求理 : 글을 읽을 때에는 정성을 다해 이치를 따져야 한다.(율곡)

讀書明義理 : 의리를 밝힐 수 있는 독서와 강학이 되어야 한다(율곡)

讀書病痛 : 독서 과정에서 나타나는 그릇된 습관·가치관·태도를 일컫는다.(퇴계)

讀書實用 : 글을 읽으면 실제로 쓰임이 있어야 한다.(율곡)

讀書玩味 : 독서할 때는 그 책이 주는 맛을 즐길 줄 알아야 한다.(정호)

讀書有驗 : 독서는 책의 가르침을 자기 것으로 만들어서 자신을 변화시켜야 비로소 독서의 효과가 나타나는 것이다.(정이)

讀書之序 : 글읽기에 순서를 정해야 한다.(율곡)

讀書綴文 : 쇄소응대와 상대 되는 말로 독서와 문장을 짓는 것을 이른다. (한강)

讀書致精 : 독서는 정밀함을 요구한다.(율곡)

讀書必博 : 글을 널리 읽지 않으면 안 된다.(율곡)

讀第一句 心在第一句 : 경의 독서 자세로서, 첫째 구절을 읽을 때는 마음이 첫째 구절에 머물러야 하고, 둘째 구절을 읽을 때는 마음이 둘째 구절에 머물러 있어야 한다는 뜻이다.(한강)

讀之如何 : 글이란 어떤 시각으로 읽느냐가 중요하다.(한강)

讀之愈久 : 고전은 두고두고 읽어야 한다.(정이)

得熟會活 : 글이 익숙해진 뒤에 비로소 이해된 도리가 살아 움직일 수 있다. (주자)

ㄹ

麗澤相資 : 인접한 두 못이 서로 물을 윤택하게 한다.(퇴계)

斂身正坐 : 독서할 적에는 반드시 몸가짐을 가다듬고 단정하게 앉아야 한다. (율곡)

ㅁ

忙迫涉獵 : 글은 바삐 보아 넘겨서는 안 된다.(율곡)

妄意高遠 : 독서를 높고 먼 것으로 생각하여 어려운 것으로 여기지 마라.(율곡)

明善窮理 : 독서는 선을 밝히고 이치를 궁구히 하는 데 있다.(율곡)

無覺不轍 : 항상 잠들어서 깨닫지 못하거나 항상 행하여 멈추지 않는 병통이다. (퇴계)

務窮義趣 : 독서를 할 때는 의취를 궁구히 하는 데 힘쓰라.(율곡)

未發已發 : 의식 발생 이전의 마음 상태와 의식 발생 이후의 마음 상태를 말한다.(퇴계)

ㅂ

博文約禮 : 글을 널리 배우고 예로써 단속한다.(퇴계)

反覆窮究 : 독서는 반복하고 궁리하라.(율곡)

反覆成誦 : 독서를 할 때 반복하여 읽어서 암송하는 것이 중요하다.(한강)

反覆玩味 : 반복해서 읽고, 하나하나 맛본다.(주자)

反復玩味 : 독서는 되풀이하고 완미하는 것이 필수적이다.(율곡)

反涉私意 : 임기응변으로 대처하다가 도리어 삿된 뜻에 빠진다.(퇴계)

辨音釋正章句 : 글을 읽을 때는 음운과 풀이를 분명히 하고 장구를 정확하게 이해하라.(율곡)

剖析渾全 : 분석적 독서법과 통합적 독서법을 이른다.(퇴계)

不作干涉 : 글을 읽는 자가 정작 자신과 전혀 무관한 것으로 여긴다.(한강)

紛擾雜亂 : 독서할 때 마음이 어지럽고 혼잡하다.(주자)

不死之藥 : 『심경』의 가치를 비유한 말로 좋은 책은 마음을 죽지 않게 하는 약이라 한다.(남명)

朋友講習 : 벗끼리 어울려 강론하며 익히는 독서를 말한다.(한강)

ㅅ

思量精思 : 책을 덮고 생각하고 또다시 정밀하게 생각하라.(율곡)

思慮紛擾 : 사려가 어지럽게 헝클어지는 독서 병통을 이른다.(퇴계)

四七論辨 : 사단과 칠정의 관계에 대한 퇴계와 고봉의 논쟁을 말한다.(퇴계)

尙書難看 : 『상서』를 보는 사람이 단지 문구만을 해석하는 것은 쉽지만, 그렇게 해서는 진정 이 책이 담고 있는 큰 뜻을 알기 어렵다.(장재)

索隱行怪 : 독서 병폐를 지적한 말로 은미하고 궁벽된 이치를 찾고 괴이한 것을 행하는 것을 경계한 말이다.(남명)

先看大節後看細行 : (사기) 사람의 큰 대목을 훑어본 뒤에 그 세세한 행동을 보아라.(율곡)

先求於身 : 책을 읽을 때에는 먼저 몸에서 구한 뒤에 책에서 구하라.(율곡)

誠篤之功 : 독서를 정성스럽고 독실하게 행하라.(남명)

惺惺無昏昧 : 책을 읽을 때에는 항상 깨어 있어 멍청해지는 일이 없어야 할 것이다.(율곡)

世有讀書 : 독서를 하는 첫 번째 목적은 그 책이 가지고 있는 좋은 뜻을 받아들여서 자기 자신을 변화시키는 것이다. 미려한 문장을 짓는 수단을 얻기 위해 책을 읽는 것은 아니니다.(정호)

少看極熱 : 책은 마땅히 조금씩 보아야 하고 지극히 깊게 읽어야 한다.(주자)

所當然・所以然 : 소당연과 소이연은 형이상학적 도리의 파악을 위해 독서인의 논리적 추론이 어떠한 단계를 거쳐야 하는지를 나타내는 개념어이다.(한강)

消磨隔子 : 본문의 대의를 파악하면 그 나머지 의미는 저절로 파악된다.(퇴계)

所以然所當然 : 존재법칙과 당위법칙을 총칭한다.(퇴계)

洒掃應對 : 물을 뿌려 쓸고 응대한다는 뜻으로 독서가 제2의 일임을 강조한 말이다.(남명)

灑掃應對 : 물을 뿌려 쓸고 응대한다는 뜻으로, 집 안팎을 깨끗이 거두고 웃어른의 부름이나 물음에 응하여 상대함을 이르는 말로 독서는 제2의 일임을 강조한 말이다.(한강)

隨力方換 : 책은 힘닿는 만큼 읽어 깨달은 다음 바꾸어야 한다.(율곡)

須着循環 : 책은 모름지기 되풀이해서 읽어야 한다.(장재)

熟　讀 : 책 한 권을 익숙하게 읽어야 한다.(율곡)

熟讀玩味 : 문장의 대요를 잘 생각하면서 차분히 읽고 음미한다.(퇴계)

熟讀精思 : 독서는 숙독하고 정밀하게 생각해야 한다.(율곡)

熟讀精思 : 익숙하게 읽어 도리를 음미하고 깊이 사색하여 독서인의 의심을 없애라.(한강)

肅容危坐 : 글을 읽을 때에는 반드시 태도를 정숙하게 하고 단정히 앉아야 한

다.(율곡)

識得仁體 : 익숙하게 완미하여 인의 체를 안다.(퇴계)

心潛於一 : 마음이 하나로 가라앉아 흔들림 없이 글을 읽어야 한다.(율곡)

深造之樂 : 글을 읽으며 마음을 수양함으로써 나날이 공부가 깊이를 더해 가는 데서 얻는 즐거움을 나타낸 말이다.(한강)

深解義趣 : 독서는 깊이 이해해 깊은 의미를 알 수 있어야 한다.(율곡)

尋行數墨 : 책을 읽을 때는 자구만을 따지지 말고 행간 사이에 숨어 있는 의리를 깨달아야 한다.(정호)

ㅇ

揠苗助長 : 억지로 싹을 뽑아 올려서 빨리 자라도록 한다.(퇴계)

鸚鵡之讀 : 앵무새처럼 의미없이 읊조리는 독서는 지양하라.(율곡)

嚴恭寅畏 : 공경하고 외경하는 마음으로 독서하라.(율곡)

嚴肅整齊 : 책읽기에 앞서 엄숙하고 가지런하게 몸과 마음을 지녀라.(율곡)

研精覃思 : 책을 읽을 때는 정밀하게 연구하고 깊이 생각하라.(율곡)

迎刃而解 : 대나무의 처음 두세 마디를 쪼개면 그다음 마디가 손쉽게 쪼개진다.(주자)

玩味深意 : 책을 읽을 때 중요한 말에 대해서는 그 말이 지닌 뜻을 충분히 알 때까지 스스로 오랫동안 깊이. 생각해서 그 뜻을 찾아내야 한다.(정호)

玩辭求義 : 독서할 때는 말을 완미하고 뜻을 탐구하듯 하라.(율곡)

玩賞之資 : 체인천리의 독서와 상대 되는 말로, 오직 즐기기만을 위한 독서를 가리킨다.(한강)

玩索窮究 : 대상을 이리저리 뒤적거리며 다루고, 끝까지 깊이 있게 연구한다.(주자)

玩索潛究 : 책을 읽을 때는 잘 생각하고 마음을 가라앉혀 의미를 탐색하라.(율곡)

緩視微吟 : 글을 읽을 때는 눈으로 가만히 보고 나지막이 읊조려라.(율곡)

勇猛奮躍 : 용감하고 분발하듯 진력을 다하는 독서가 되라.(율곡)

用心力看 : 책을 볼 때는 온 마음과 온 힘을 다해야 한다.(장재)

優遊厭飫 : 마음이 너그럽고 만족스럽게 독서하라.(율곡)

優游厭飫 : 서두르지 말고 천천히 하되 세세히 익혀가며 수없이 반복한다.(퇴계)

優遊玩味 : 시는 유유자적하면서 완미해야 한다.(정호)

融會貫通 : 자세히 이해하여 이치를 꿰뚫을 수 있도록 독서하라.(율곡)

融會貫通 : 녹여서 하나로 모으고, 꿰뚫어서 통한다.(퇴계)

義理無兩箇 : 의리는 두 개가 아니다. 의리라는 것은 모든 사람이 다 옳다고 인정하고 따라야만 하는 것이다. 즉 책을 읽을 때는 누구나 동의할 수밖에 없는 그런 의미를 찾아내야 한다.(장재)

異端之書 : 전통 독서론에서 필독서로 선정되지 못한 노자, 장자, 양주, 묵적의 책을 이르는 말이다.(한강)

以文害辭 : 책을 읽을 때 생각이 글자 하나에 치우치면 자칫 글의 전체 뜻을 놓칠 뿐만 아니라 오해할 수가 있다.(장재)

以物觀物 : 사물로 사물을 보아야 한다.(주자)

以意逆志 : 마음으로 뜻을 맞이한다.(주자)

以意逆志 : 자신의 생각으로 글쓴이의 뜻을 헤아려보아야 한다.(장재)

理氣不相離不相雜 : 이와 기는 떨어질 수도 없고 섞일 수도 없는 관계이다.(퇴계)

理明義精 : 독서할 때는 이치가 분명하고 의리가 정밀해야 한다.(장재)

理　　發 : 이의 발. 천지만물을 해석하기 위한 동태적인 접근 방법이다.(퇴계)

理一分殊 : 이치는 하나이지만 그 나뉨은 다양하다.(퇴계)

理會理會 理會不得理會不得 : 이해한 것은 이해했다고 하고, 이해하지 못한 것은 이해하지 못했다고 해야 한다.(주자)

人　　欲 : 인간의 이기적인 욕심을 이른다.(퇴계)

因文推理 : 문자로 이치를 추리하는 독서로 이서관서의 관점을 따른 독서이다.(한강)

一棒一條痕 一摑一掌血 : 한 번 때렸으면 한 줄기 흔적이 남아야 하고 한 번 쳤으면 한 웅큼 피가 묻어나야 한다.(주자)

日新又新 : 독서를 통하여 구견 혹은 선입견에 갇히지 말고 날마다 그 자리에 신의를 받아들이라는 요청이다.(남명)

一重一重 入深去看 : 성인의 언어는 한겹 한겹 쌓여 있으니, 깊이 있게 살펴야 한다.(주자)

入耳出口 : 독서한 것이 귀로 들어가고 입으로 나오는 것이 되지 않게 하라.(율곡)

ㅈ

字看無看 : 매 글자마다 빠져 나갈 곳이 한 곳도 없도록 보아야 한다.(주자)

長一格價 : 독서는 사람의 품격을 한 단계 높여준다.(정호)

專心讀書 : 마음을 집중하여 글을 읽어라.(율곡)

專心致志 : 마음과 생각을 한 곳에 모아 글을 읽어라.(율곡)

切己省察 : 자기 몸에 절실하게 성찰하는 독서가 되라.(율곡)

切己體驗 : 자기 자신에게 간절하게 하기 위해 독서한다.(주자)

切問近思 仁在其中 : 간절하게 물어서 생각을 가깝게 하면 인이 그 가운데 있다.(주자)

切實踐履 : 독서는 절실하게 실천하여야 한다.(율곡)

正襟端視 : 독서할 때는 옷깃을 바로 여미고 시선을 가만히 둔다.(율곡)

精與熟俱 : 정독과 숙독을 동시에 행해야 저자가 언어를 통해 세운 참뜻을 알 수 있다.(남명)

靜坐收斂 : 책을 읽기에 앞서 바르게 앉아 마음을 가다듬어야 한다.(율곡)

正坐莊訟 : 바르게 앉아서 우렁차게 낭송한다.(퇴계)

存心讀書一事 : 마음지키기와 책읽기는 하나의 일이 되어야 한다.(주자)

存心養性 : 본심을 간직하고 본성을 기른다.(퇴계)

從容默會 : 조용히 마음 속으로 이해할 수 있는 독서가 되어야 한다.(율곡)

晝誦夜思 : 낮에는 외워 음미하고 밤에는 읽은 것을 생각하라.(율곡)

重溫仔細 : 복습할 때 자세하게 해야 한다.(주자)

持敬工夫 : 마음을 하나로 집중하는 공부를 가리킨다.(한강)

只求文義 : 책을 읽으면서 글 뜻만을 구하지 말라.(율곡)

只讀經書 : 책은 경서만을 읽어야 한다.(율곡)

只要精熟 : 오직 정밀하고 익숙해지도록 읽는 것을 말한다.(한강)

知行互進 : 지와 행이 함께 나아가야 한다.(퇴계)

直路本意 : 곧은 길로 나아가야 본문의 뜻을 파악할 수 있다.(주자)

眞積力久 : 진실로 오래도록 힘을 쌓아두는 독서가 되어야 한다.(율곡)

眞踐其域 : 독서의 궁극적 경지는 실천에 있다.(율곡)

盡曉義趣 : 책을 읽을 때에는 글 속의 의미를 모두 알아야 한다.(율곡)

ㅊ

且如穿井 : 우물을 팔 때 처음에는 혼탁하지만 다 파고 맑아진 뒤에는 은빛 물결이 또렷하게 빛나는 것과 같이 독서할 때도 마음을 느긋하게 먹으면 난해한 도리는 저절로 나타난다.(남명)

處心制行 : 본성을 보존하고 행동을 다스린다.(퇴계)

天　　理 : 인간의 본성 속에 본래부터 갖추어진 올바른 도리를 이른다.(퇴계)

體認 · 體察 · 體驗 · 體行 : 성현의 경전을 읽는 참된 방법으로 제시된 독서4법이다.(한강)

體認踐履 : 독서인이 도리로서 소당연과 소이연을 안 뒤에는 곧 마음에 체득하여 실천하는 바탕으로 삼는다.(한강)

體之身心 : 눈으로 글을 읽을 것이 아니라 몸과 마음으로 체득해야 한다.(율곡)

體察一句 : 글의 내용을 한 구절씩 몸으로 터득해야 한다.(율곡)

體驗躬行 : 도리를 사물로 접하는 것과 도리를 실천에 옮기는 것을 이른다.

(한강)

蒻豢之悅 : 독서에서 얻는 심미적 즐거움을 이처럼 고기가 입을 즐겁게 해주는 데 비유한 말이다.(한강)

就自推究 : 자신에게 나아가 자기 외부로 추론해 나가면서 연구해야 한다.(주자)

親書味道 : 글을 대하고 도리를 음미한다.(한강)

沈潛句讀文義 : 구두句讀와 문의文義 사이에 깊이 잠겨 읽어야 한다.(율곡)

沈潛玩索 : 마음을 가라앉혀서 깊이 생각하거나 몰입하는 것과 글이 지닌 깊은 뜻을 생각하여 찾는 것을 일러 완색이라 한다.(한강)

沈潛玩繹 : 마음을 가라앉히고 깊이 생각해야 한다.(주자)

ㅌ

濯去舊聞 : 이전에 들은 것을 씻어내어야 한다.(주자)

貪多務得 · 貪多務廣 · 毋務汎覽 : 많은 것을 탐해 널리 읽으려고 힘쓰지 마라.(율곡)

怠忽間斷 : 독서는 게을러지고 소홀해지며 지속성이 없이 해서는 안 된다.(율곡)

擇尤精最急 : 글을 볼 때는 더욱 정밀하고 가장 긴요한 것을 가려 읽어야 한다.(율곡)

通貫動靜 : 동·정을 하나로 관통하고자 하는 수양 방법이다.(퇴계)

通　　讀 : 글을 처음부터 끝까지 내리 읽어야 한다.(율곡)

ㅍ

平心易氣 : 마음을 안정시키고 기운을 편안하게 한 후 독서하라.(율곡)

必先知要 : 글을 볼 때는 반드시 먼저 핵심을 알아야 한다.(한강)

ㅎ

何天之衢亨 : 하늘의 구형을 어찌하랴.(주자)

下學上達 : 구체적 사실로부터 출발하여 높디높은 진리에까지 도달한다.(퇴계)

涵　　泳 : 독서할 때는 책 속에 깊이 빠져 마음을 빼앗길 정도가 되어야 한다.(장재)

抗　　聲 : 책이 내용을 외울 때 소리내어 읽어라.(율곡)

虛明靜一 : 독서를 할 때는 정제한 후 밝게 비우고 고요히 하나로 모아야 한다.(율곡)

虛心觀理 : 마음을 비우고 이치를 본다.(퇴계)

虛心靜看 : 마음을 비우고 차분히 책을 읽는다.(주자)

虛心平氣 : 마음을 비우고 기운을 고른 후에 독서를 하라.(율곡)

虛心涵泳 : 마음을 비우고 푹 젖어 들어야 한다.(율곡)

互相發明 : 책을 읽을 때 앞뒤의 구절을 서로 대조하여 의미를 이해해야 한다.(장재)

活　　看 : 전후 맥락에 의거해서 글의 뜻을 융통성 있게 파악하는 방법이다.(퇴계)

曉其文義 : 글을 읽을 때는 글자의 뜻에 얽매이지 말고, 그 글자가 들어 있는 문장의 뜻을 파악해야 된다.(정이)

2. 유형 분류

일곱 명의 학자들은 상호 표현은 다르되 의미는 유사한 용어를 많이 구사하고 있다. 의미가 유사한 데도 표현이 다른 까닭은 일정하지 않다. 시대적 요구나 당대의 분위기나 학자의 성향이 각기 달랐다는 점이 그 원인이 아닌가 한다. 정확하고 신속하게 고전독서이론에 접근하기 위해서는 표현이 다르다고 해서 그대로 둘 수는 없다. 본 저서에는 주자의 고전독서이론 용어를 기준으로 삼아 전체 고전독서이론 용어를 분류해 보고자 한다. 주자는 고전독서이론을 집대성하고 체계화한 학자이므로, 주자의 고전독서이론 용어를 기준으로 삼는다면 다른 어떤 방법보다 효율적이리라 생각된다.

□ **講貫心目**

通貫動靜(퇴계) 貫穿融會(율곡) 融會貫通(율곡) 專心讀書(율곡) 專心讀書(율곡)

□ **擊首尾應 擊尾首應**

活看(퇴계)

□ **急切尋求**

觀書不宜急迫(장재) 看一書法(율곡) 忙迫涉獵(율곡) 貪多務得 · 貪多務廣 · 毋務汎覽(율곡) 讀第一句 心在第一句(한강)

□ **道理與心相肯**

讀書講明義理(정이) 讀書求義理(장재) 融會貫通(퇴계)

□ **得熟會活**

長一格價(정호) 少看極熱(퇴계) 貫通無疑(율곡) 深解義趣(율곡) 熟讀(율곡) 熟讀精思(율곡) 精與熟俱(남명) 熟讀精思(한강) 只要精熟(한강)

□ **理會理會 理會不得理會不得**

讀書窮理 · 讀書求理(율곡)

□ **切問近思 仁在其中**

識得仁體(퇴계)

□ **反覆玩味**

曉其文義(정이) 讀書玩味(정호) 觀書遍布細密(장재) 以文害辭(장재) 熟讀玩味(퇴계) 反覆窮究(율곡) 反復玩味(율곡) 蒭豢之悅(한강) 親書味道(한강) 反覆成誦(한강) 深造之樂(한강)

□ **紛擾雜亂**

思慮紛擾(퇴계)

□ **少看極熱**

體察一句(율곡) 怠忽間斷(율곡)

□ **玩索窮究**

觀書文勢(정이) 觀書隨文害義(정이) 觀書求意(장재) 讀之愈久(정이) 熟讀玩味(퇴계) 讀書格致(율곡) 研精覃思(율곡) 玩辭求義(율곡) 玩索潛究(율곡) 思量精思(율곡)

□ **迎刃而解**

消磨隔子(퇴계) 必先知要(한강)

□ **以物觀物**

讀史到一半(정이) 襟懷洪大(장재) 讀之如何(한강) 因文推理(한강)

□ **以意逆志**

以意逆志(장재) 體之身心(율곡)

□ **一棒一條痕 一摑一掌血**

用心力看(장재) 勇猛奮躍(율곡)

□ **一重一重 入深去看**

盡曉義趣(율곡) 眞積力久(율곡) 辨音釋正章句(율곡)

□ **字看無看**

尋行數墨(정호) 理明義精(장재) 互相發明(장재)

□ **切己體驗**

讀書得義精·觀書釋己疑(장재) 尙書難看(장재) 讀書觀聖人(정이) 讀書有驗(정이) 貴親炙之(정호) 切己省察(율곡) 切實踐履(율곡) 體認・體察・體驗・體行(한강) 體認踐履(한강) 體驗躬行(한강) 不作干涉(한강)

□ **重溫仔細**

務窮義趣(율곡)

□ **存心讀書一事**

世有讀書(정호) 觀書了悟(장재) 義理無兩箇(장재) 居敬持志(율곡) 敬對方册(율곡) 敬以直內(율곡)

□ **直路本意**

觀書急處(장재)

□ **就自推究**

下學上達(퇴계) 經義證明(장재)

□ **沈潛玩繹**

優遊玩味(정호) 玩味深意(정호) 觀書推考(장재) 須著循環(장재) 涵泳(장재) 勤苦爛熟(퇴계) 沈潛句讀文義(율곡) 心潛於一(율곡) 靜坐收斂(율곡) 從容默會(율곡) 沈潛玩索(한강)

□ **濯去舊聞**

反涉私意(퇴계) 日新又新(남명)

□ **虛心靜看**

但易其心(정이) 觀書靜心(장재) 虛心觀理(퇴계) 平心易氣(율곡) 虛明靜一(율곡) 虛心平氣(율곡) 虛心涵泳(율곡) 誠篤之功(남명) 持敬工夫(한강)

저자소개

신태수 (영남대 교양학부 교수)
김원준 (영남대 교양학부 교수)
김기호 (영남대 국문과 교수)
김홍수 (영남대 철학과 외래교수)

동양 고전독서이론 용어 해설집

발행일 2014년 7월 10일 초판 2쇄
2013년 6월 5일 초판 1쇄

지은이 신태수 김원준 김기호 김홍수
펴낸이 노석균
펴낸곳 영남대학교출판부

출판등록 1975년 9월 5일 경산 제16-1호

주소 경북 경산시 대동 214-1
전화 053) 810-1801~3 | FAX 053) 810-4722
홈페이지 book.yu.ac.kr

ISBN 978-89-7581-468-6
978-89-7581-445-7(세트)

이 도서의 국립중앙도서관 출판시도서목록(CIP)은
서지정보유통지원시스템홈페이지(http://seoji.nl.go.kr)와
국가자료공동목록시스템(http://www.nl.go.kr/kolisnet)에서
이용하실 수 있습니다.(CIP제어번호: CIP2013007319)